MANUAL DE DIAGRAMACIÓN

Una guía para la exégesis.

Artemio G. Colque

Índice

¿Qué es la diagramación? 1

¿Cuál es propósito de la diagramación? 2

métodos y formas de diagramación. 3

pasos básicos de la diagramación. 12

    El sujeto (suj - art + suj – art + suj + adj) 12

    El verbo regular - irregular 13

    El complemento directo (cd + adj – art + cd + adj) 14

    El complemento indirecto (CI + adj – art + CI + adj) 15

    Los genitivos 15

Diagramando preposiciones. 23

Diagramando participios. 26

Diagramando adverbios. 29

Diagramando conjunciones. 32

Diagramando infinitivos. 37

Diagramando nombres y aposiciones. 41

Diagramando pronombres. 46

Diagramando oraciones. 50

    La oración simple. 50

    Oraciones compuestas. 52

    Oraciones complejas. 55

Apéndice 1. Como la diagramación ayuda en la estructuración de los sermones. 58

Apéndice 2. Ejemplos de versículos diagramados – Filemón 1-3 65

Bibliografía. 71

¿Qué es la diagramación?

Este nuevo método al cual nos introducimos que sirve para el griego, hebreo, latín y porque no decirlo para las lenguas modernas como el español, alemán e inglés. Este método sintáctico nos enseña a entender las relaciones sintácticas de las palabras, frases y clausulas. La diagramación se ha definido como:

Antony hogdin dice que "el diagrama de una oración es una forma simple de estudiar. Muestra cada parte que la oración tiene y su importancia".

Louis M Ebner dice que "un diagrama es una representación gráfica de una oración"

Kendall B. Taft, John Francis McDermott y Dana O. Jensen dicen que "la diagramación es un medio gráfico para analizar oraciones; permite ver la construcción en lugar de intentar retenerlos en su cabeza. Es una especie de taquigrafía gramatical por el cual se salva la necesidad de escribir frases como "el sujeto es" y "el verbo es" cada vez que se le pide que analice una palabra es una parte de una oración".

Frank P. Adams dice acerca de su definición de la diagramación: "El análisis es ese departamento de gramática que trata de la estructura y naturaleza de las oraciones, su separación en elementos, y una descripción de estos elementos".

Gordon Fee nos dice que la diagramación es "un describir gráficamente por sangría y subordinación la relación entre palabras y clausulas en un pasaje. Se comienza en la margen superior izquierda con el sujeto y el predicado de la primera clausula principal y se permite que el párrafo "fluya" hacia la margen derecha alineando elementos coordinados uno bajo el otro sangrando los elementos subordinados o modificadores".

De todas las definiciones que hemos visto arriba podemos resumir que la diagramación es un diagnóstico de sintaxis que sirve para determinar la relación que las palabras tienen entre sí y, por lo tanto, facilita la exégesis gramatical.

¿Cuál es propósito de la diagramación?

De las diversas formas que existes de diagramar y que se han creado a través de los años siempre ha tenido su propósito. la diagramación es un medio por sí mismo, no un fin. Es como un mapa que lleva a entender la geografía o un instrumento químico que ayuda a crear un laboratorio. Lee L. Kantenwein en su libro "Análisis de diagramación" dice que la diagramación tiene cuatro propósitos básicos:

1) para comprender la estructura de las oraciones significativas contenidas en la Biblia
2) permite al intérprete estructurar un significado y un diagrama práctico por el cual puede transmitir la verdad de Dios a sus oyentes
3) permite al intérprete observar el patrón de pensamiento del escritor bíblico a quien empleó el Espíritu Santo, y
4) construir oraciones efectivas propias.

Daniel Steffen en su tratado sobre "estructura y gramática de un párrafo" nos habla de cuatro propósitos:

a) Hacer el diagrama obliga al estudiante a tomar decisiones en cuanto a las funciones de las palabras y frases.
b) el diagrama le hace posible al estudiante visualizar las relaciones en el pasaje y así captar con más facilidad su estructura.
c) el diagrama contribuye para distinguir los pensamientos primarios y los que son secundarios y así decidir correctamente el mensaje y propósito del pasaje.
d) en algunos casos, el diagrama provee el diseño del bosquejo del pasaje.

Este tipo de análisis no es una respuesta al cien por ciento de todo para determinar el mensaje exacto del texto. Sin embargo, si uno quiere llegar al mensaje exacto es necesario pasar por este análisis. Así que este paso ayuda a conocer las relaciones entre las palabras entre sí, es vital. Los estudiantes que van al seminario reciben herramientas, con cursos de exegesis y hermenéutica que les ayuden, pero su educación no es conclusiva, sino que debe continuar estudiando porque la Biblia es compleja y simple en sí misma. Obviamente el saber análizar y hacer diagramaciones no significa que eso es suficiente para ser un buen predicador, que es la meta, pero es un buen camino por el cual recorrer.
Piensen en un escritorio desordenado, para algunos el desorden no es problema, y pueden guiarse aun cuando este desordenado. Pero para la mayoría de la gente el desorden no es malo porque quita la estética de un escritorio, sino porque no tiene orden y cuando esta desordenado no puedes realizar algunas actividades con eficacia. El tener ordenado los cajones de los escritorios, los papeles en la mesa, los bolígrafos en su lugar; y saber que la relación que tiene cada cosa forma un escritorio; asi la diagramación ayuda, te enseña a ver las partes y luego la relación entre si y esto ayuda a tener un panorama más general. No hay que olvidarse que estamos siguiendo reglas de la gramática griega que queremos entender en español. Lo que para nosotros parece desordenado o inentendible para los griegos de ese tiempo no lo era, es por eso que la diagramación ayuda en este sentido.

Métodos y formas de diagramación.

Existen varios métodos de diagramar, solo vamos a ver aquellos que están a nuestro alcance. No existe una sola forma, así que, puede escoger el método que mejor prefiera para su estudio. No se olvide que rastrear al fundador o el que inicio hacer diagramaciones es difícil, solo tenemos datos de su uso y era una buena forma para la exegesis. Estimado lector, si usted llego a este paso, significa que está muy interesado en hacer un estudio serio de la palabra de Dios y puede ser que cuando recurre a los libros y mira las variedades de diagramar te confundes y puede ser que te haga desanimar de continuar. Recuerda que es un método que ayuda a entender mejor el texto bíblico, una vez que entiendas su orden, veras lo sencillo que resulta ser; al igual que un rompecabezas, una vez que entiendas sus formas es más fácil de armarlos.

- **Método 1**. Lee Kantenwein en su libro "análisis de la diagramación" nos muestra la siguiente forma.

1. escriba la línea horizontal base

Dios

2. siempre indique claramente las divisiones que sean apropiadas mediante el uso de líneas verticales en la línea de base horizontal

sujeto | verbo | objeto directo

3. Siempre haga que todos los modificadores salgan de una sola línea vertical conectado a la línea base horizontal.

sujeto | verbo | objeto directo

4. Utilice siempre líneas discontinuas para conectar una base horizontal

Sujeto | verbo | objeto directo

conjunción

Sujeto | verbo | adjetivo predicativo

5. Siempre coloque participios, infinitivos y cláusulas finitas hacia arriba luego de la línea horizontal

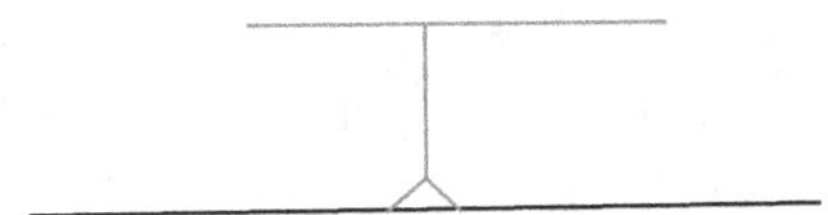

6. Siempre coloque paréntesis alrededor de las palabras proporcionadas para aclarar el significado o completar los puntos suspensivos

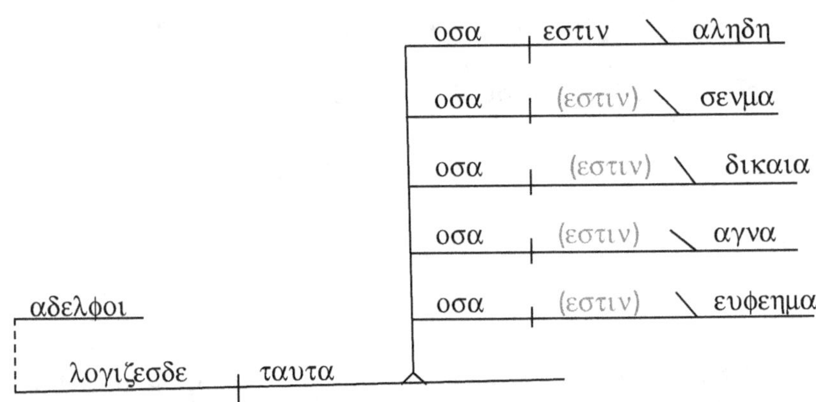

7. Utilice siempre el siguiente análisis de la línea vertical inclinada cuando tocan la línea base horizontal para indicar las divisiones de oraciones y / o partes del discurso

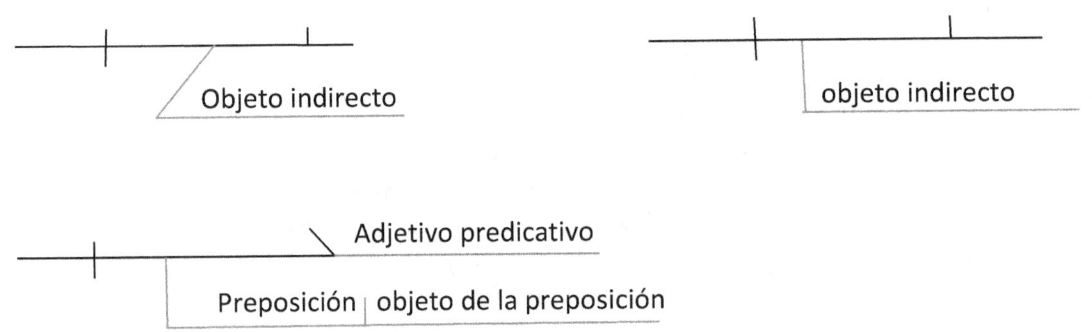

- **Método 2.** Shirley M. Forsen en su libro "diagramando las escrituras: un enfoque sistemático para la diagramación de oraciones". Nos presenta los siguientes patrones de diagramación:

Patrón 1: sujeto + verbo

Sujeto | verbo

Patrón 2: sujeto + verbo + objeto directo

Sujeto | verbo | objeto directo

Patrón 3: sujeto + verbo + objeto directo + objeto indirecto

Sujeto | verbo | objeto directo
Objeto indirecto

Patrón 4: sujeto + verbo copulativo + complemento predicativo

Sujeto | verbo copulativo \ complemento predicativo

Patrón 5: conjunciones

Patrón 6: participios e infinitivos

- **Método 3.** Richard Ramsay en su libro griego instrumental no da la siguiente forma de diagramar:

Una oración simple tiene solamente un sujeto y un verbo. El sujeto describe quién hace la acción, y el verbo describe qué hace. El sujeto y el verbo forman el núcleo de la oración. Usaremos "S" para indicar el sujeto y "V" para indicar el verbo.

El hombre habla.

(S)   (V)

El siguiente diagrama indica el uso de las palabras.

El hombre | habla

Frecuentemente una oración incluye un complemento directo (CD), el cual recibe la acción del verbo.

El hombre ve al hermano.
(CD)

Usaremos una flecha para indicar el complemento directo
(→).

El diagrama se verá así:

El hombre | ve ⟶ al hermano

(S)   (V)   (CD)

Muchas veces también se incluye un complemento indirecto, el que recibe el efecto indirecto de la acción.

El hombre me compró un libro.

En este caso, el libro recibió directamente la acción del verbo "comprar", pero yo recibí el beneficio. Es decir, el libro fue comprado, pero fue comprado para mí. En los diagramas un "/" arriba del verbo indica un complemento indirecto

El diagrama entonces quedará así:

me
(CI)

El hombre | compró ⟶ un libro
(S)   (V)   (CD)

Usaremos el símbolo ⟍ para indicar cuando una palabra o frase modifica a otra. El diagrama para nuestra oración sería:

Él | salió

de la casa

Recuerde que | representa el sujeto y el verbo, que ═ ____ representa un predicado nominal, y que ⟍ representa modificación de algo. Para mostrar una conexión con conjunción, utilice el símbolo ⇩

Algunas oraciones son muy complejas, y es difícil hacer un diagrama de ellas. Tome en cuenta que una cláusula entera puede funcionar como complemento directo de otra cláusula, sujeto de otra cláusula, o parte de una frase con preposición. En ese caso, el diagrama puede indicar esta función poniendo "cláusula 2" o "cláusula 3" en el lugar donde la cláusula sirve como parte de otra cláusula. Después, tendrá que hacer otro dibujo de la cláusula 2 o 3.

Por ejemplo, supongamos que la oración es: "Jesús dijo, Yo soy el buen pastor." "Jesús" es el sujeto, "dijo" es el verbo, y "Yo soy el buen pastor" es una cláusula que funciona como el complemento directo del verbo "dijo", porque indica qué es lo que dijo.

El dibujo sería así:

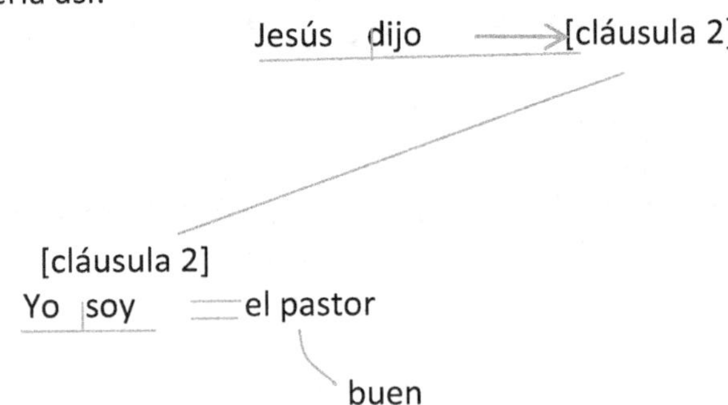

- **Método 4**: Daniel Steffen en su tratado "estructura y gramática de un párrafo" nos enseña los siguientes pasos para diagramar un texto bíblico:

1. la línea base: es una línea horizontal que muestra el núcleo de la cláusula independientemente

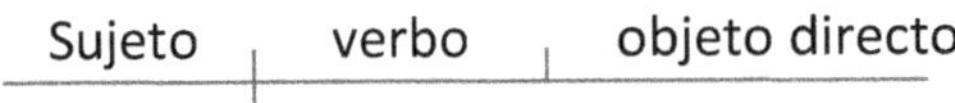

2. la terraza: es una línea vertical o inclinada con una línea horizontal colgada de la línea base. Tiene las palabras que modifican la cláusula independiente.

a) una terraza que inclina a la izquierda no tiene una fuerza verbal. Incluye pronombres, adjetivos, adverbios, negaciones, preposiciones.

La línea base
Modificador sin idea verbal

b) una terraza con una conexión vertical a la línea de base contiene modificadores que tienen una idea verbal parcial como el infinito o el participio.

La línea base
Modificador con idea verbal

c) una terraza que inclina ala derecha tiene las clausulas subordinadas que tienen una idea verbal distinta introducida por una conjunción subordinada. La conjunción aparece en medio de la línea que inclina a la derecha.

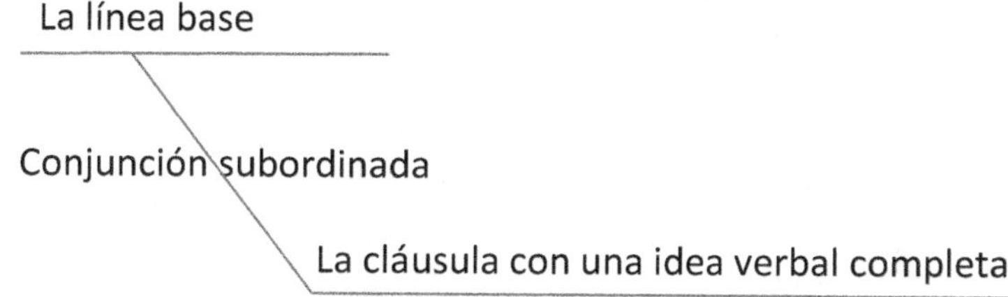

3. amontonar niveles: se puede poner varias terrazas una debajo la otra si hay varias palabras, frases o cláusulas que modifican la misma palabra.

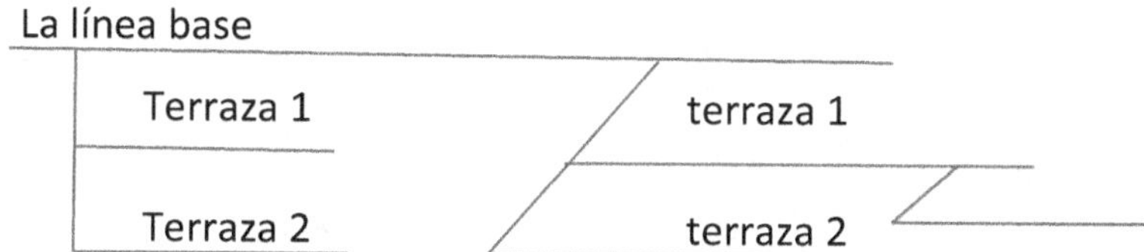

4. ramas: se puede dividir la línea de base, la terraza, etc. en diferentes ramas para acomodar una idea gramatical compuesta. Los ejemplos son los sujetos, verbos, objetos directos, u objetos de las preposiciones que son compuestos. A veces hay dos frases unidas con una conjunción que modifican la misma palabra.

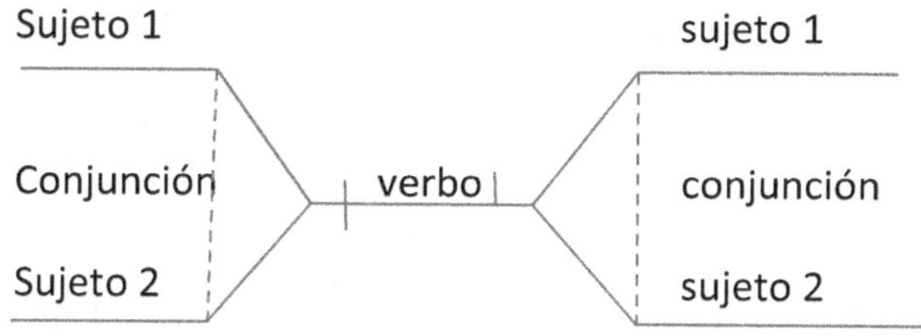

5. estante: los estantes son otras líneas horizontales independientes de la línea base o terraza.

a) aposición, palabras en aposición a un sujeto están antes, mientras las palabras en aposición a un objeto siguen después.

Línea base ——— aposición

b) clausulas relativas:

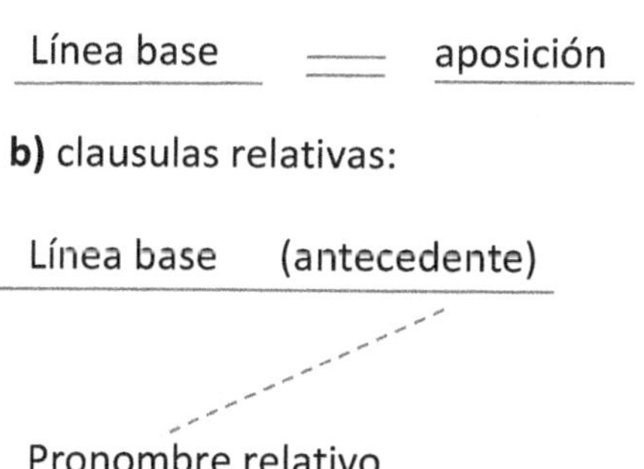

c) las palabras en una serie entre dos ramas de la línea de base o terraza.

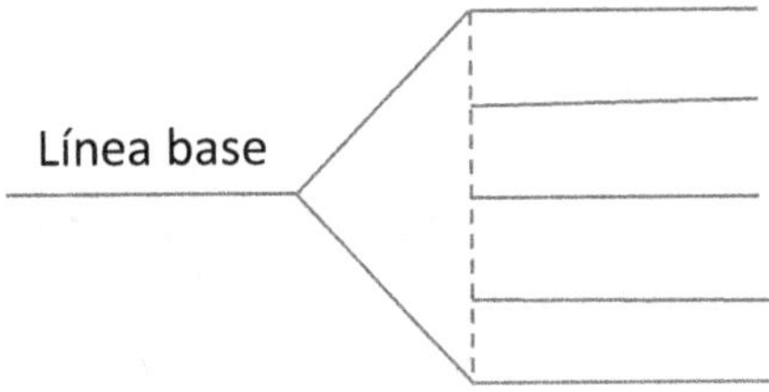

d) las palabras en el caso vocativo ubicada encima de la aposición del sujeto de la cláusula que modifican.

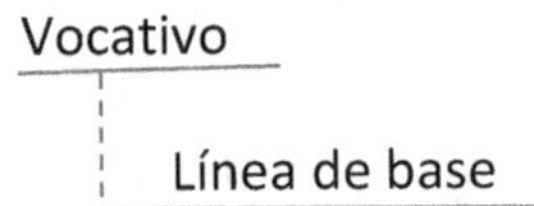

e) las conjunciones de conexión que están entre ideas que funcionan como señales de cambio de ideas como ουν, δια, τουτο, γαρ, αρα, son ubicadas en un estante encima de la aposición del sujeto de la cláusula independiente que introducen. A veces una conjunción funciona como adverbio y está ubicado debajo del verbo.

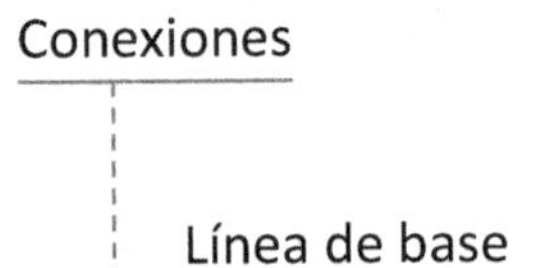

6. El poste: el poste es una línea vertical sobre dos patas conectadas a una línea de base, una terraza, o un estante. El poste contiene un grupo de palabras a una cláusula que es usado como una unidad como el sujeto o el complemento de una clausula independiente o dependiente.

a) si hay una conjunción subordinada, está suspendida en medio del poste
b) el infinitivo del discurso indirecto después de verbos de decir, pensar, percibir, etc. Es diagramado de esta manera.
c) una frase de una preposición usada como un predicado está levantada por un poste.

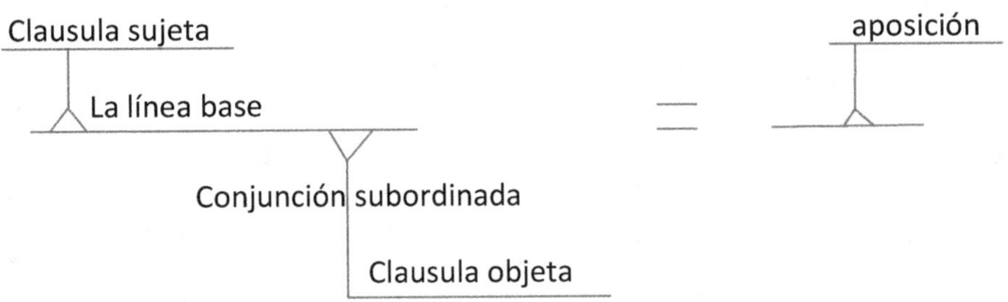

Después de mirar estos ejemplos sobre las formas de diagramación, nos damos cuenta que la variedad de dibujos sobre cómo hacerlo a afectado las formas, algunas más difíciles y otras más simples. Pero si hay algo en común es que utilizan la línea horizontal como la línea base o como la oración principal y las líneas verticales inclinadas son los modificadores de la oración. Esas son las dos cosas más importantes de una diagramación y eso es lo que tienen en común de todas las formas. Los ejemplos mostrados arriba son para que vea la variedad que exista y pueda optar si así lo prefiere. Pero el método que vamos a presentar a continuación consideramos que es un método que se ajusta mejor a nuestro contexto.

Solo la práctica ayuda a tener la experiencia necesaria para hacer una exégesis fidedigna, por lo tanto este manual tiene el propósito de guiarle a ayudarle a que pueda dominar en las diagramaciones.

Pasos básicos de la diagramación.

Vamos a la práctica, son los siguientes:

El sujeto (suj - art + suj – art + suj + adj)

el sujeto, es lo que se nombra puede ser persona o cosa, aunque en particular cuando hablamos de los sustantivos existen cinco casos o flexiones que veremos por separado. Generalmente cuando hablamos del sujeto hacemos referencia al caso nominativo donde el verbo puede estar implícito o explícito. La forma de diagramar es hacer una línea horizontal (esta es la clave) , esta línea forma la oración principal.

Sujeto:

Sujeto

Carlos

Avión

Ιησούς

Articulo + sujeto

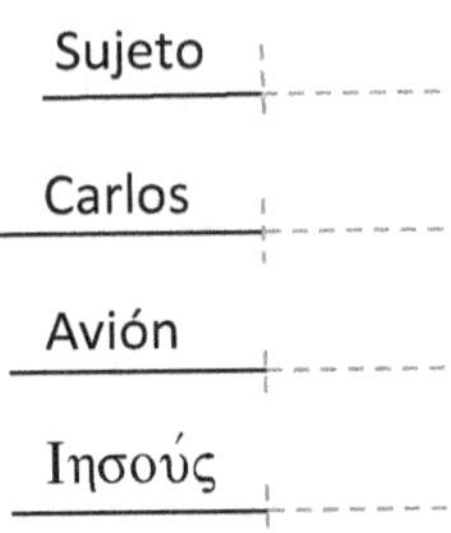

sujeto / art.

apóstol / el

αποστολος / το

articulo + sujeto + adjetivo

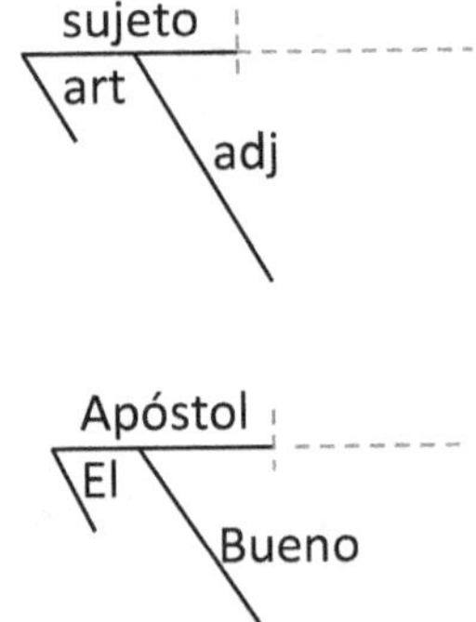

sujeto / art / adj

Apóstol / El / Bueno

απoστoλoς
το
αγαδoς

El verbo regular – irregular

El verbo es la parte más indispensable de la oración, sin verbo no hay oración; asimismo el verbo en sí mismo puede ser una oración. Puede aglutinar muchos morfemas para las diferentes categorías gramaticales. Para saber cómo se diagrama se divide con líneas cortas verticales sobre la línea horizontal. La primera línea pasa a la línea horizontal, mientras que la otra línea no pasa la línea horizontal. Estas líneas verticales ayudan a separar el sujeto, el verbo y el complemento directo que estos forman la oración principal.

Sujeto | verbo |

Jesús | escucha |

ιησους | ακουω |

Cuando son verbos irregulares (los que terminan en "ar", "er", "ir") se diagrama así:

Sujeto | verbo irregular \ predicado nominal

Elias | era \ un hombre

Ηλιας | ην \ αντρωπος

El complemento directo (cd + adj – art + cd + adj)

Es otros sustantivo que su función es modificar una idea en cuanto a su contenido, enfoque o dirección. Responde la pregunta ¿hasta dónde? La forma de diagramar es continuar con la línea horizontal después del sujeto y del verbo. La forma de diagramarse es igual que el sujeto, solo que hay que considerar su caso.

Complento directo + adjetivo

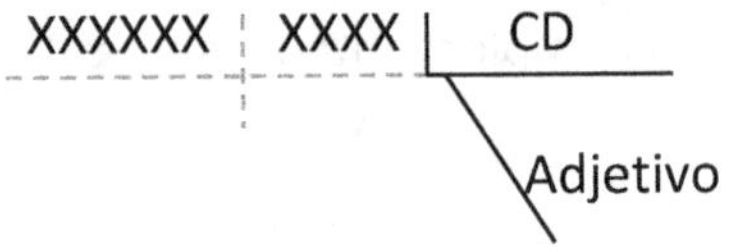

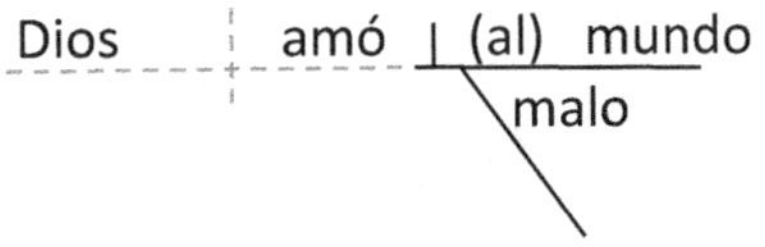

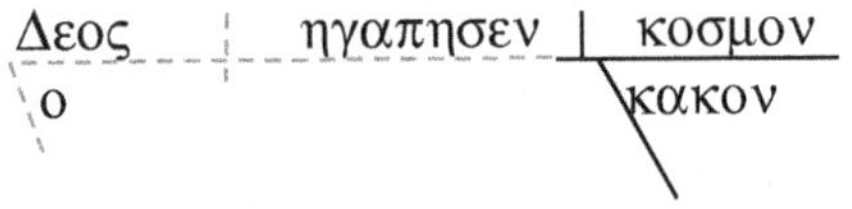

XXXXXX | XXXX | CD
\Adjetivo

Dios | amó | (al) mundo
\malo

Δεος | ηγαπησεν | κοσμον
\ο \κακον

Articulo + complemento directo + adjetivo

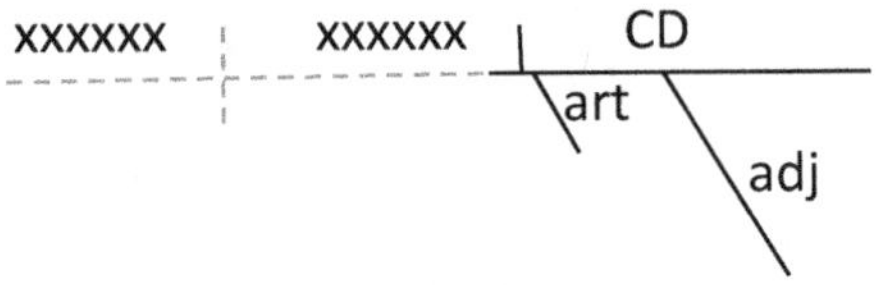

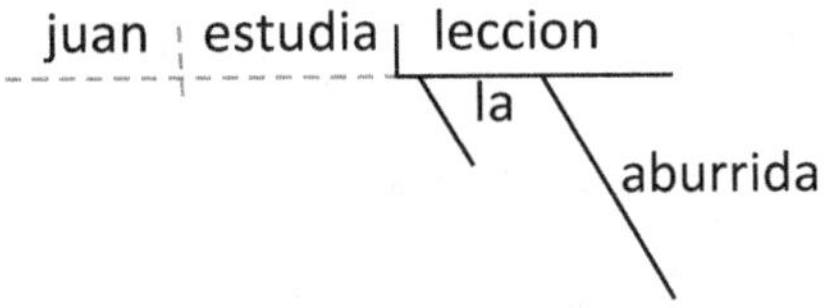

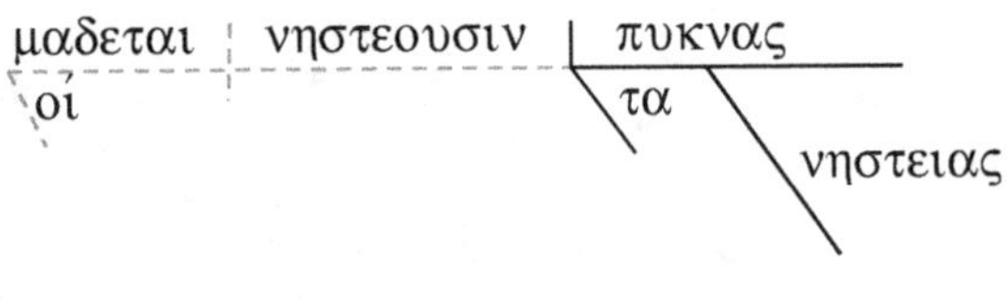

XXXXXX | XXXXXX | CD
\art \adj

juan | estudia | leccion
\la \aburrida

μαδεται | νηστεουσιν | πυκνας
\οι \τα \νηστειας

El complemento indirecto (CI + adj – art + CI + adj)

siempre está relacionado con el verbo. Responde a la pregunta ¿a quién o a que cosa? Indica la persona, cosa o animal a quien se dirige la acción. La forma de diagramar es realizando una línea vertical inclinada acompañada de una línea horizontal y que esta debe bajar del verbo.

Complemento indirecto + adjetivo

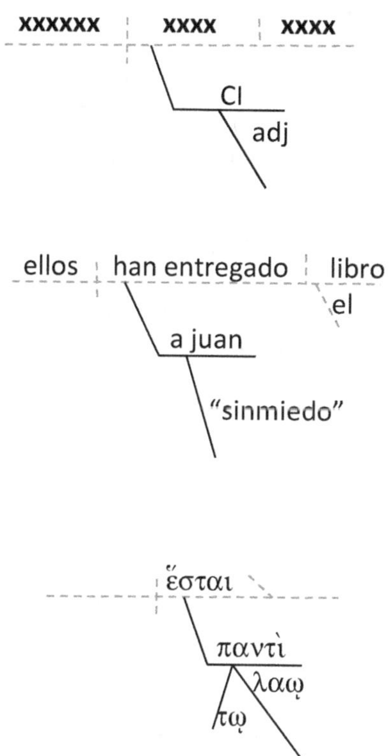

Los genitivos

El genitivo puede ser introducido por diversas preposiciones con las que expresa una multiplicidad de funciones sintácticas (complemento circunstancial de lugar, de tiempo, de causa, de argumento, etc.) pero el genitivo simple no lleva preposiciones. El adjetivo no depende del verbo, sino de los sustantivos. La forma de diagramar es realizando una línea vertical inclinada acompañada de una línea horizontal que vaya acompañando siempre al sujeto, complemento directo y complemento indirecto.

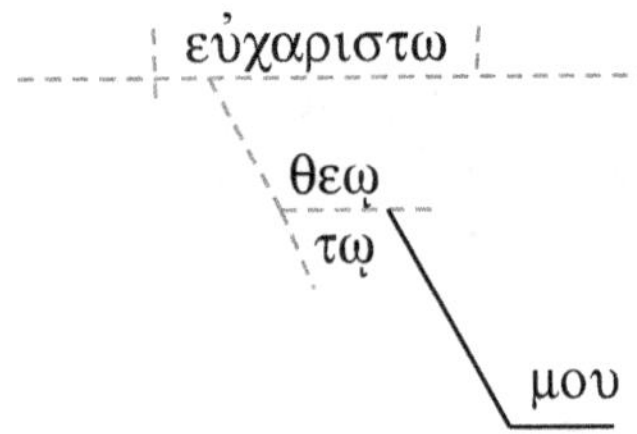

Siguiendo el sistema de casos, tendríamos asi: la palabra ley - νόμος tanto en singular y plural.

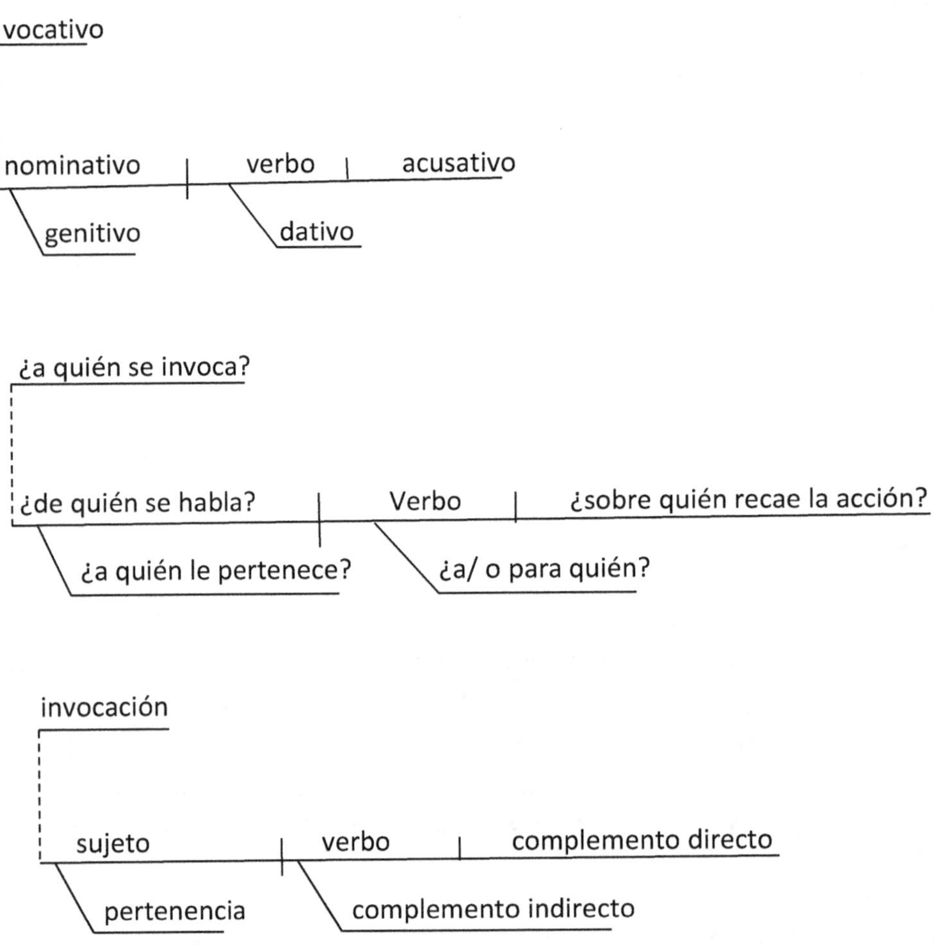

Singular:

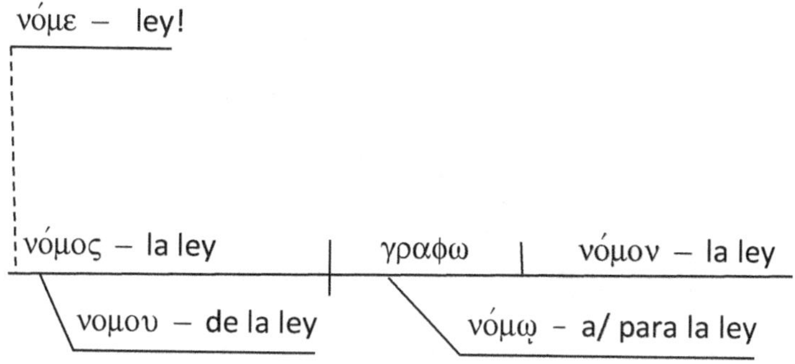

Plural

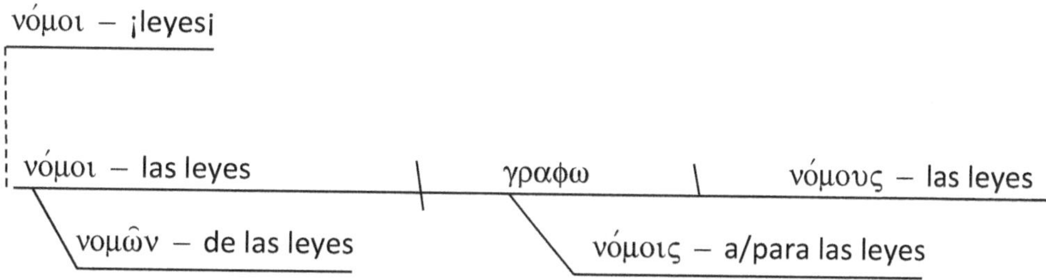

Estos diagramas le ayudaran a entender el panorama mucho mejor, ya que cuando empiece a diagramar estos modelos deben estar grabados en su mente. Una vez que memorice la morfología de la palabra toca ordenar y mirar la relación de las palabras y ahí es donde la diagramación ayuda. Es importante entender que este orden no cambia, claro que de vez en cuando hay excepciones, pero en general este orden no cambia.

En los siguientes ejemplos usted tiene que completar poniendo cada caso en su lugar; estos ejemplos le ayudaran a tener agilidad. Mientras escribe en las hojas memorice en alta voz vera que este ejercicio le ayudara mucho.

Ejemplo 1   ἀδελφός

N ἀδελφός	el hermano	ἀδελφοι	los hermanos
G ἀδελφόυ	del hermano	ἀδελφων	de los hermanos
D ἀδελφῳ	a/para el hermano	ἀδελφοις	a/para los hermanos
A ἀδελφόν	el hermano	ἀδελφους	los hermanos
V ἀδελφε	hermano	ἀδελφοι	hermanos

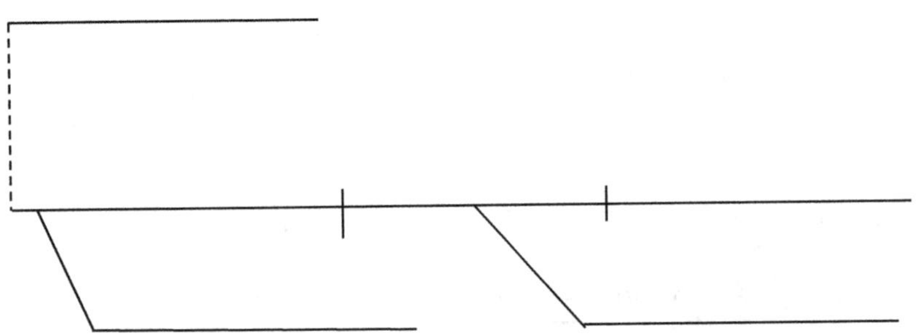

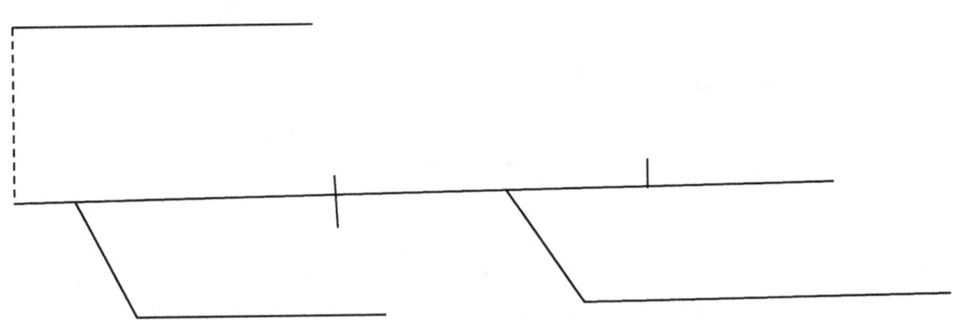

Ejemplo 2   αντρωπος – hombre

αντρωπος   hombre
αντρωπου   del hombre
αντρωπω   a/para el hombre
αντρωπον   hombre
αντροπε   hombre

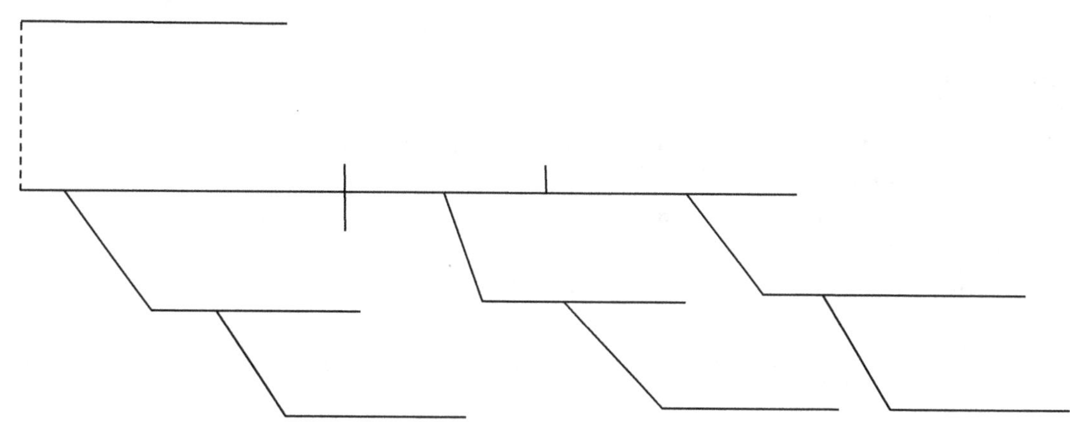

Ejemplo 3 καιρος – hombre

o	καιρός	el tiempo		τοι	καιροι	los tiempos
του	καιρόυ	del tiempo		των	καιρων	de los tiempos
τω	καιρω	a/para el tiempo		τοις	καιροις	a/para los tiempos
τον	καιρόν	el tiempo		τους	καιρους	los tiempos
	καιρε	tiempo!		τοι	καιροι	tiempos!

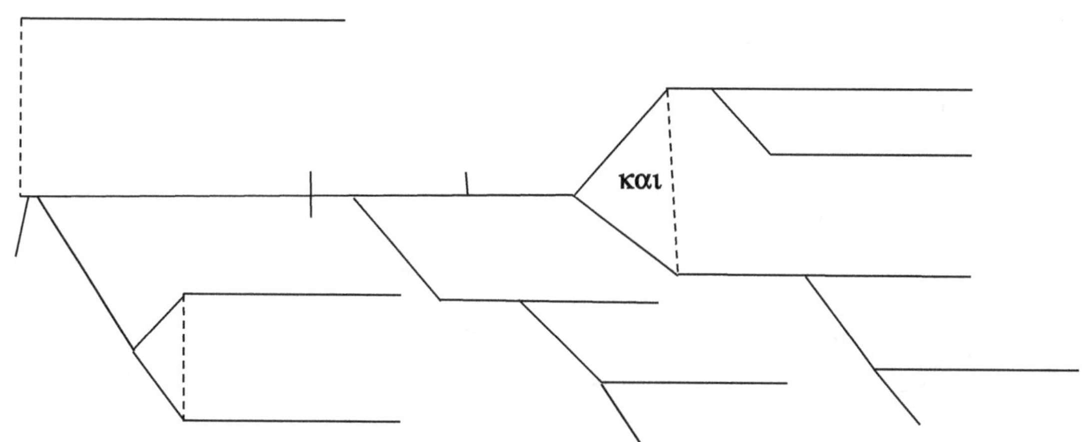

Ejemplo 4 φωνή – voz

ἡ	φωνη	la voz	αι	φωναι	las voces
τῆς	φωνης	de la voz	τῶν	φωνων	de las voces
τῃ	φωνῃ	a/para la voz	ταῖ	φωναι	a/para las voces
τιν	φωνην	la voz	τάς	φωνας	las voces
	φονη	voz!		φωναι	voces!

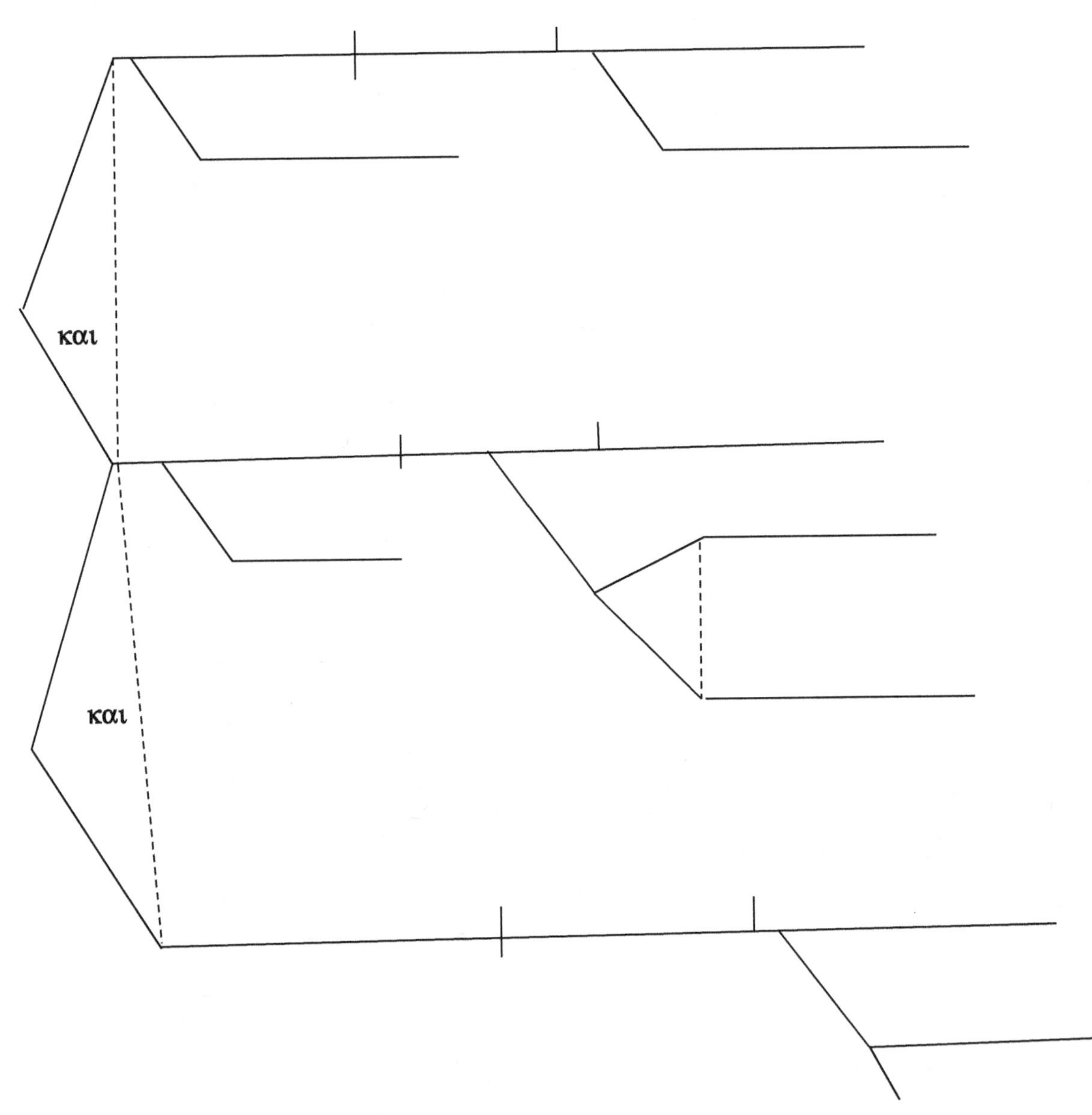

Ejemplo 5. πατήρ – palabra

πατηρ	padre	πατερες	padres
πατρος	del padre	πατερων	de los padres
πατρι	a/para el padre	πατρασιν	a/para los padres
πατερα	padre	πατέρας	padres
πατερα	padre!	πατερες	padres!

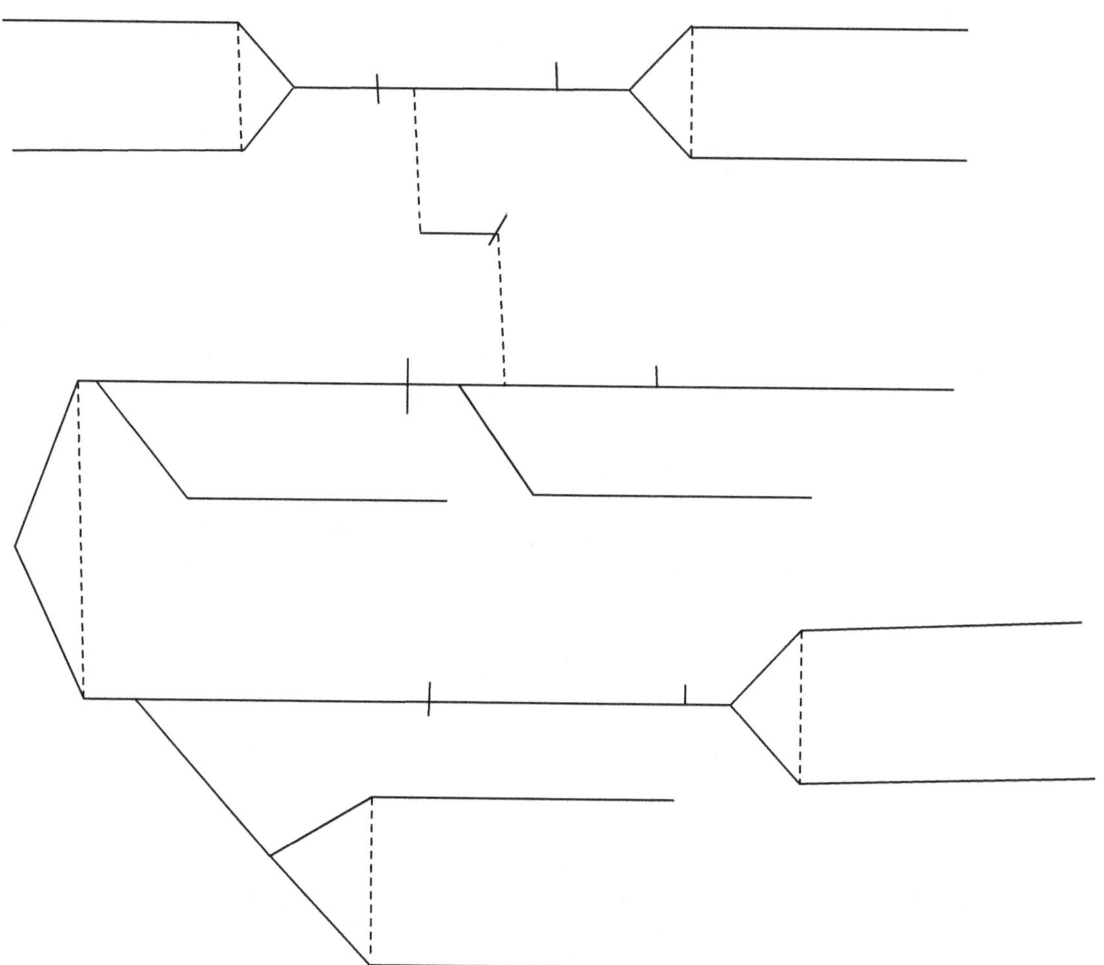

21

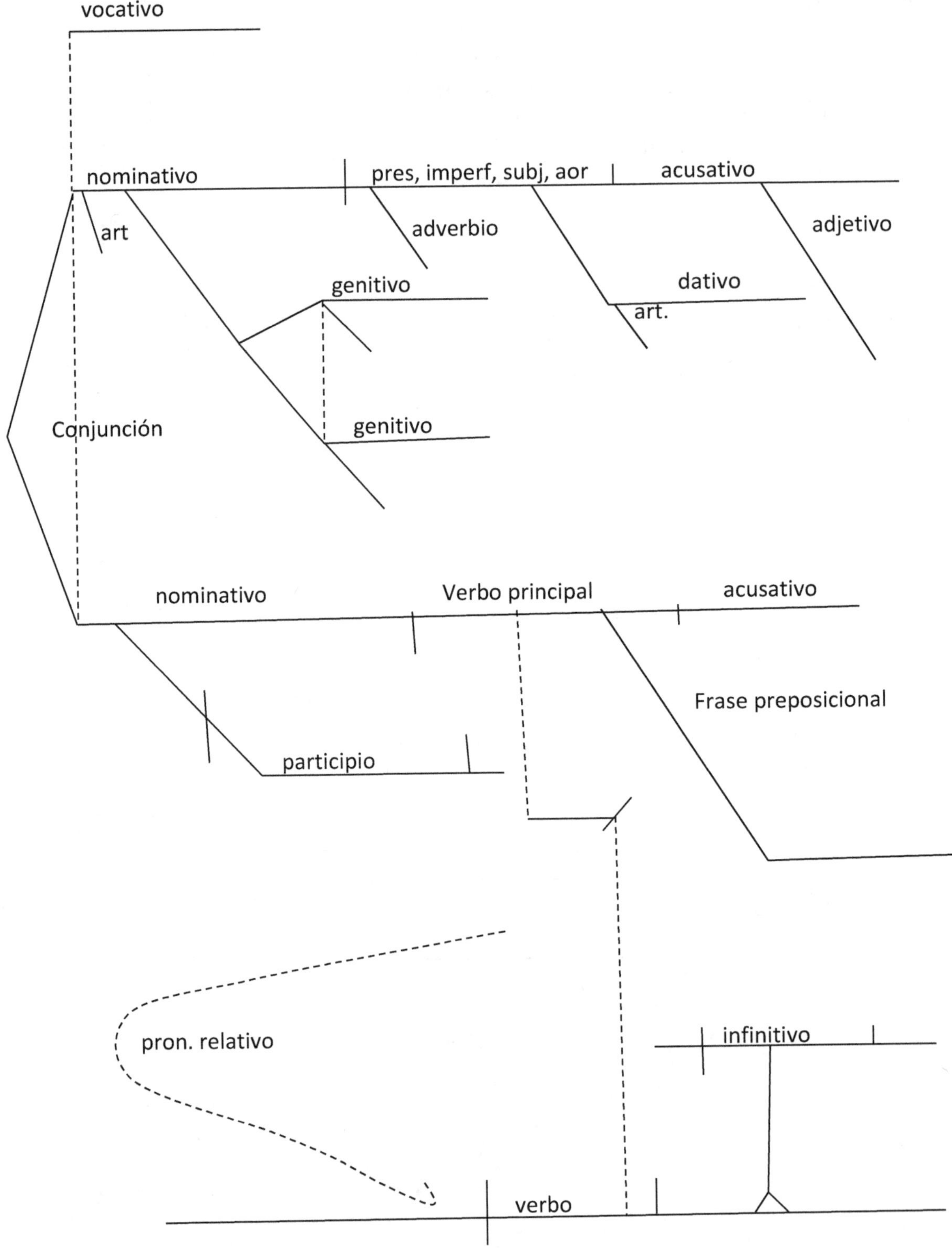

vocativo
nominativo
pres, imperf, subj, aor
acusativo
art
adverbio
adjetivo
genitivo
dativo
art.
Conjunción
genitivo
nominativo
Verbo principal
acusativo
Frase preposicional
participio
pron. relativo
infinitivo
verbo

Diagramando preposiciones.

Las preposiciones muestran como el verbo conecta varios objetos y también son acompañados por un pronombre o sustantivo. La preposición sirve para enlazar dos palabras e indicar la relación que hay entre ellas. Las frases preposicionales o también llamado sintagma preposicional es un grupo de palabras que está compuesto por un enlace y un término. En los ejemplos que vamos a realizar, debe reconocer las preposiciones. La forma de diagramar es hacer una línea vertical inclinada acompañada de una línea horizontal corta. La preposición debe ir en el medio de la línea vertical inclinada que viene del verbo.

Ejemplos:

1. ζωή ἦν εν αυτῳ   Jn.1:4a

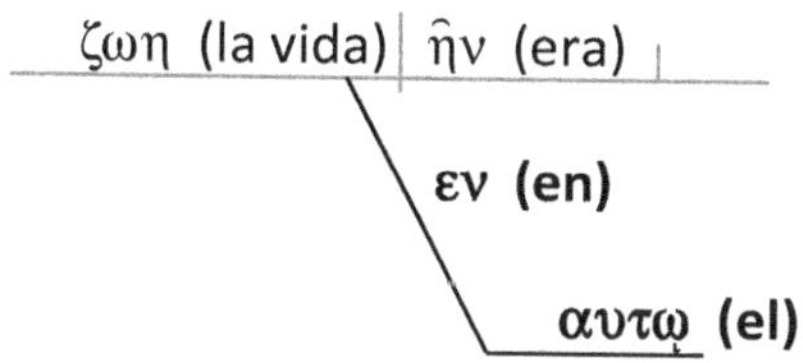

2. και το φῶς φαίνει εν τη σκοτια Jn.1:5

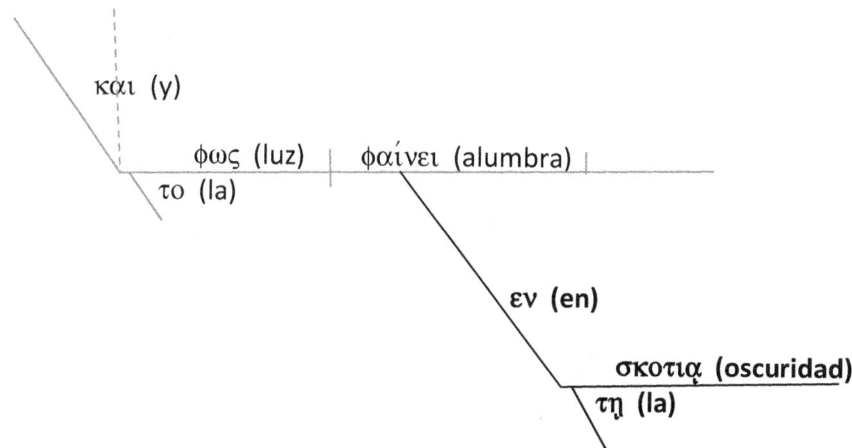

3. πατερ ἡμῶν ὁ εν τοις ουρανοις   Mt.6:9a

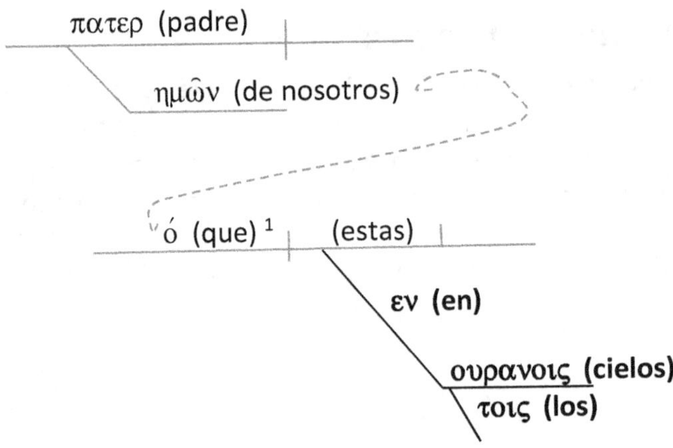

Practicas: rellene en los espacios, recuerde que debe reconocer la morfología de las palabras para luego rellenar en los espacios diagramados.

4. οὗτος ἦν εν αρχῃ προς τον θεον   Jn.1:2

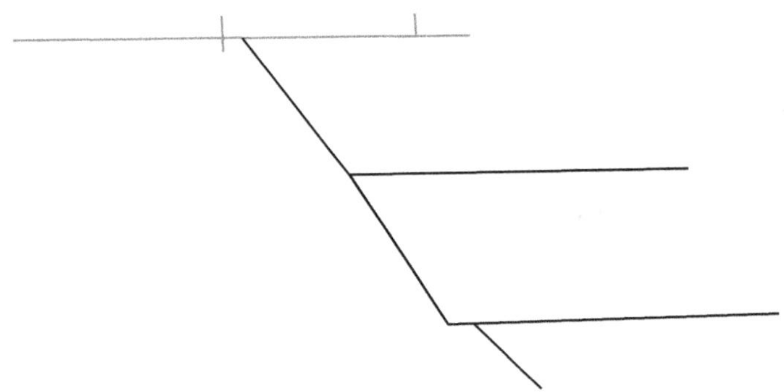

5. μετα ταυτα απηλτεν ο Ιησους   Jn.6:1

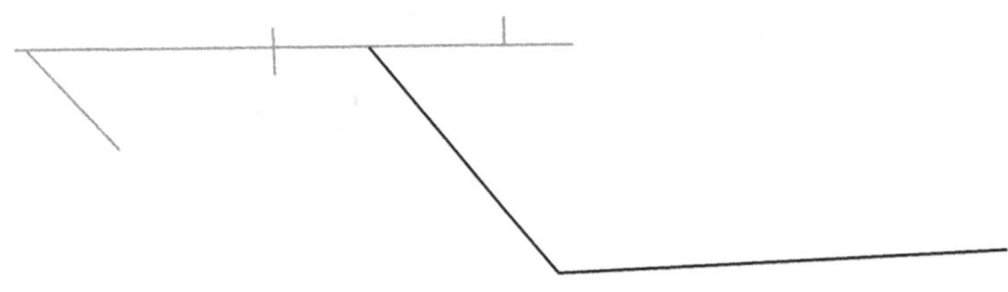

---

¹ ὁ y ὅ el primero es articulo y el segundo es un pronombre relativo, aunque en el ejercicio el articulo funciona como pronombre relativo es un caso especial. Cuando vemos la construcción "sust + art + mod" la regla nos dice que el articulo trabaja como pronombre relativo.

6. ως εν ουράῳ και επι γης   Mt.6:10b

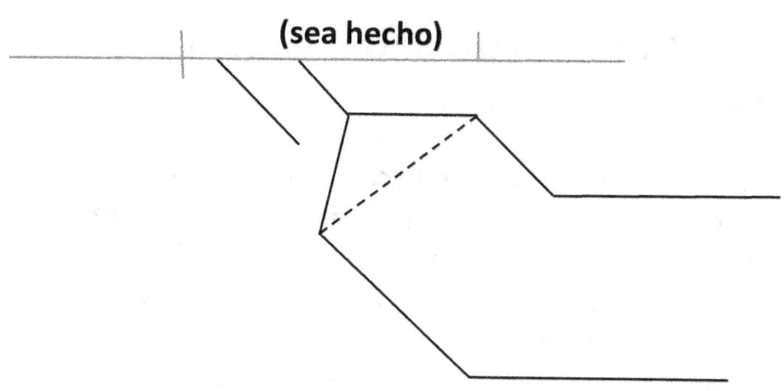

Diagramando participios.

Los participios son adjetivos verbales. Como adjetivos, tienen género, número, y caso; y como los otros adjetivos, corresponden a los substantivos que modifican con el mismo género, número y caso. Por otra parte, puesto que participan de la naturaleza de verbos, a) tienen tiempo y voz, b) reciben, como otras partes del verbo, calificativos adverbiales, y e) si son participios de un verbo transitivo, pueden tener un complemento directo.

La forma de diagramar los participios es de la siguiente manera: debe realizar una línea vertical inclinada sobre la línea horizontal y debe tener líneas verticales cortas como la oración principal. Estas líneas parten de los sustantivos. Es importante notar que, se diagrama hacia arriba, cuando cumple una función sustantiva y hacia abajo cuando cumple su función adjetiva y si va debajo del verbo significa que cumple su función adverbial.

Ejemplos.

1. ...εντολην καίην **γραφων** σοι...   **2 Jn:5**

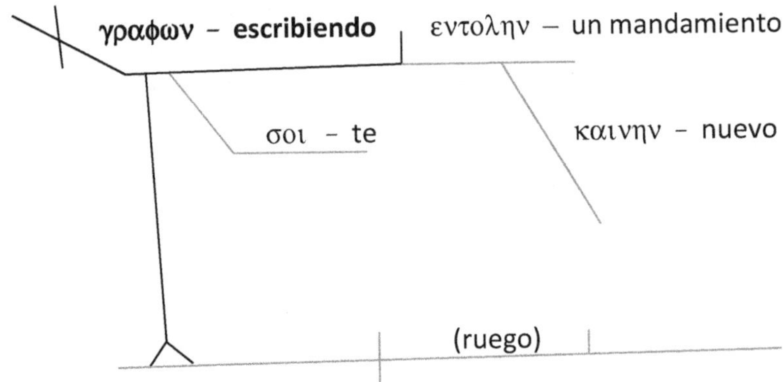

2. ...Ιησουν χριστον **ερχόμενον** εν σαρκι... 2 Jn:7

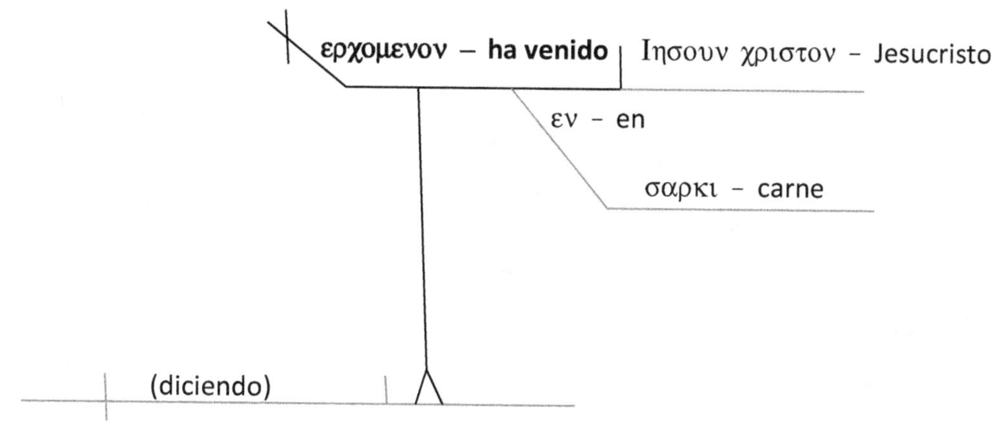

3. πεποιθως τη υπακοη σου εγραψα σοι...   Fil:21

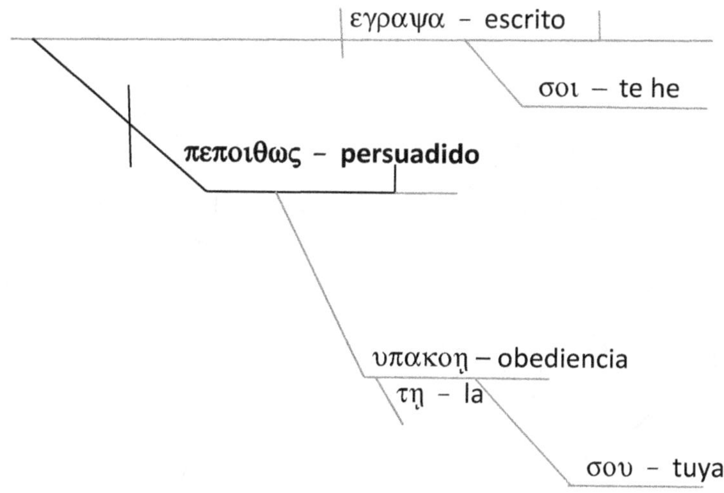

4. πολλην εν χριστω παρρησιαν ἒχων...   Film:8

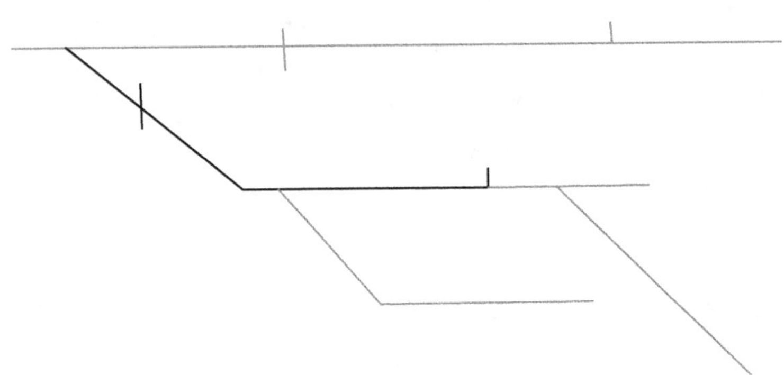

5. ο **αγαθοποιων** εκ του θεου εστιν **ο** δε **κακοποιων** ουχ εωρακε τον δεον   3 Jn:11

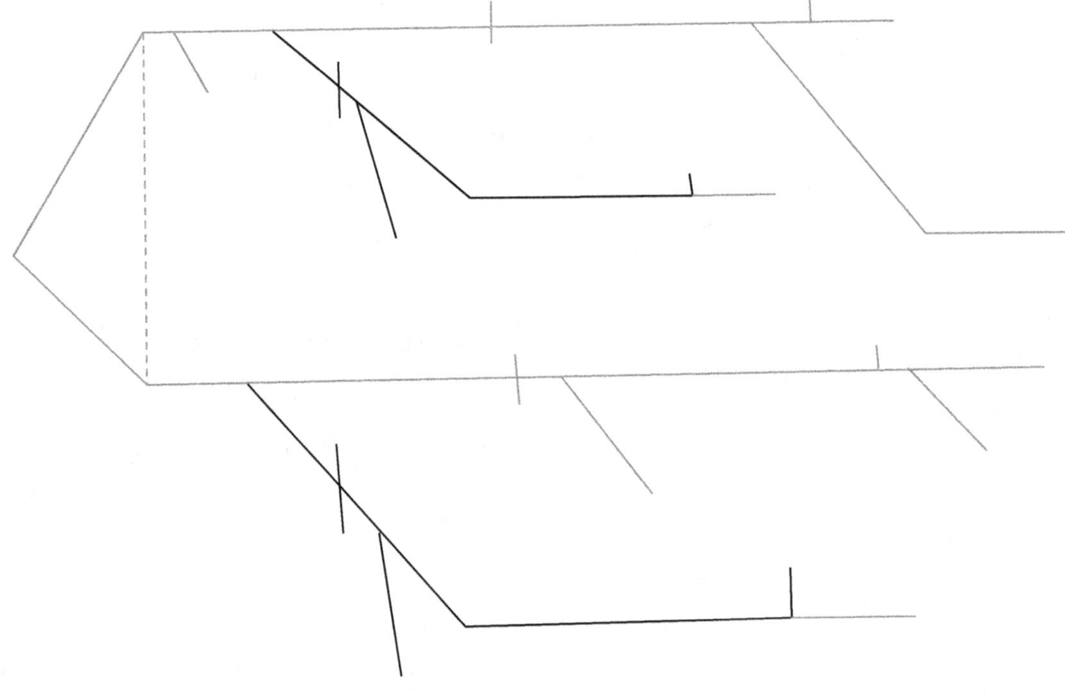

Diagramando adverbios.

Los adverbios sirven para definir y establecer algo con exactitud. Así como los adjetivos modifican a una palabra; de igual manera los adverbios modifican los significados de los verbos. Los adverbios se usan para expresar relaciones de tiempo, lugar, modo. Son usados para responder: cuando, donde, como y cuanto. Para diagramar los adverbios se traza una línea vertical semi inclinada, que viene directamente del verbo. Esta línea debe ser corta, no debe confundirse con la línea de los adjetivos que son más largos.

Ejemplos:

1. ...υμας γεννητηναι **ανωθεν**   Jn.3:7

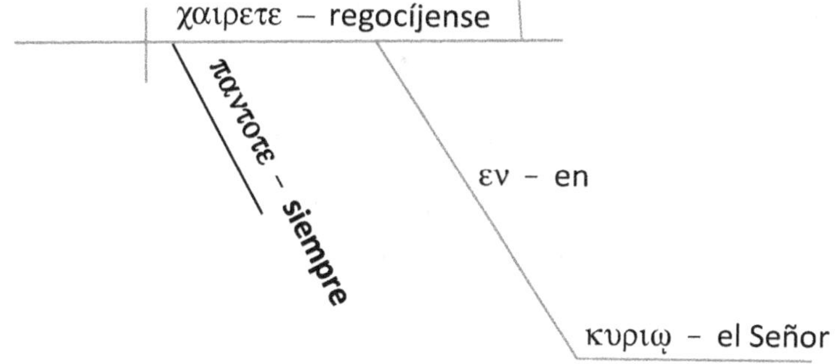

2. χαιρετε εν κυριω **παντοτε**...   Fil.4:4a

3. ζετειτε δε **προτον** την βασιλειαν του θεου...   Mt.6:33a

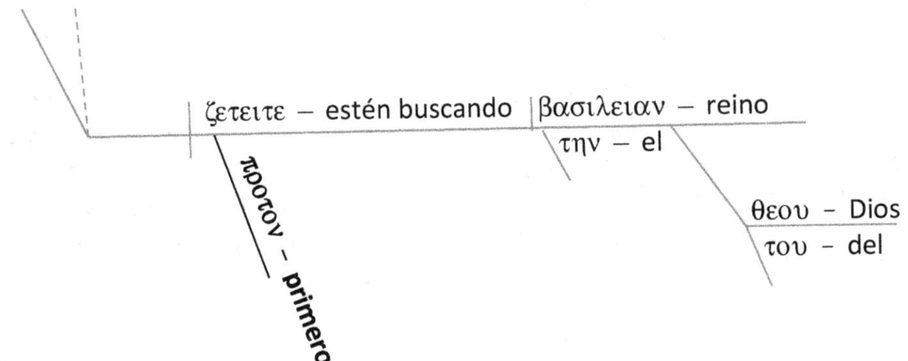

Ejercicios:

4. εγω δε **ηδιστα** δαπανησω και εκδαπανηθησομαι υπερ των ψυχων υμων...   2 Co.12:15

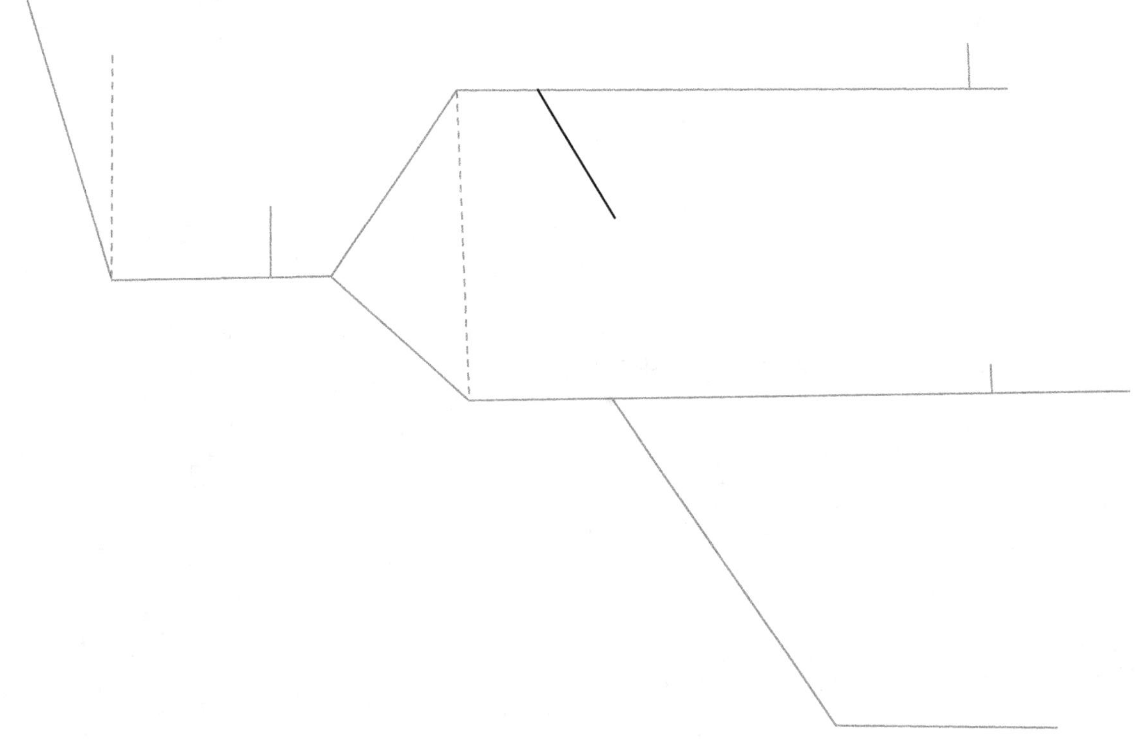

5. οτι εν αυτω κατοικει παν το πληρομα της θεοτητος **σωματικως**   Col.2:9

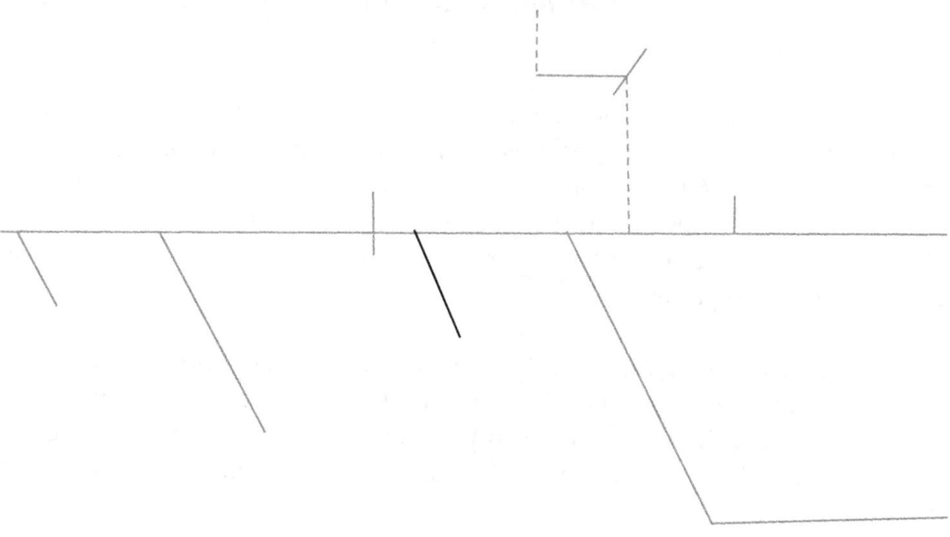

6. τον αρτον ημων τον επιουσιον δος ημιν **σημερον**   Mt.6::11

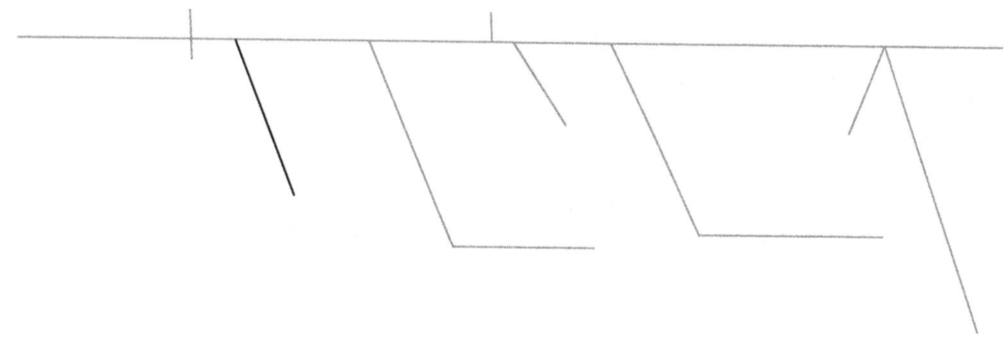

Diagramando conjunciones.

Las conjunciones (conjs.) son vocablos que sirven para conectar o relacionar palabras, frases, cláusulas, oraciones e inclusive párrafos. Dentro de la gran cantidad de conjunciones que existen puede darse dentro de la oración o entre las oraciones. Dentro de la oración las conjunciones pueden unir palabras, frases y cláusulas que son parte de la oración. Y las conjunciones entre las oraciones une esas oraciones que forman dentro del párrafo y también a los párrafos que forman parte de la sección o capítulos.

Cuando las conjunciones son dentro de la oración debe diagramarse, como el signo menor que "<" con líneas verticales segmentadas. Esta línea recta segmentada, debe comenzar desde el inicio de la oración hasta el inicio de la otra oración. Y la otra forma de diagramar las conjunciones, se debe trazar líneas verticales que deben bajar directamente del verbo principal al otro verbo subordinado de la oración.

Aunque hay un montón de tipos de conjunciones deductivo-consecutivas, causales, explicativas, adversativas, de adición, distributivas, disyuntivas, temporales, condicionales, etc. estas dos formas descritas arriba de diagramado será las que se utilice, se necesitara de un análisis de los usos y ser muy cuidadoso al momento de averiguar que conjunción es dentro de la oración.

Ejemplos:

1. εν αρχη ην ο λογος, **και** ο λογος ην προς τον θεον, **και** θεος ην ο λογος   Jn.1:1

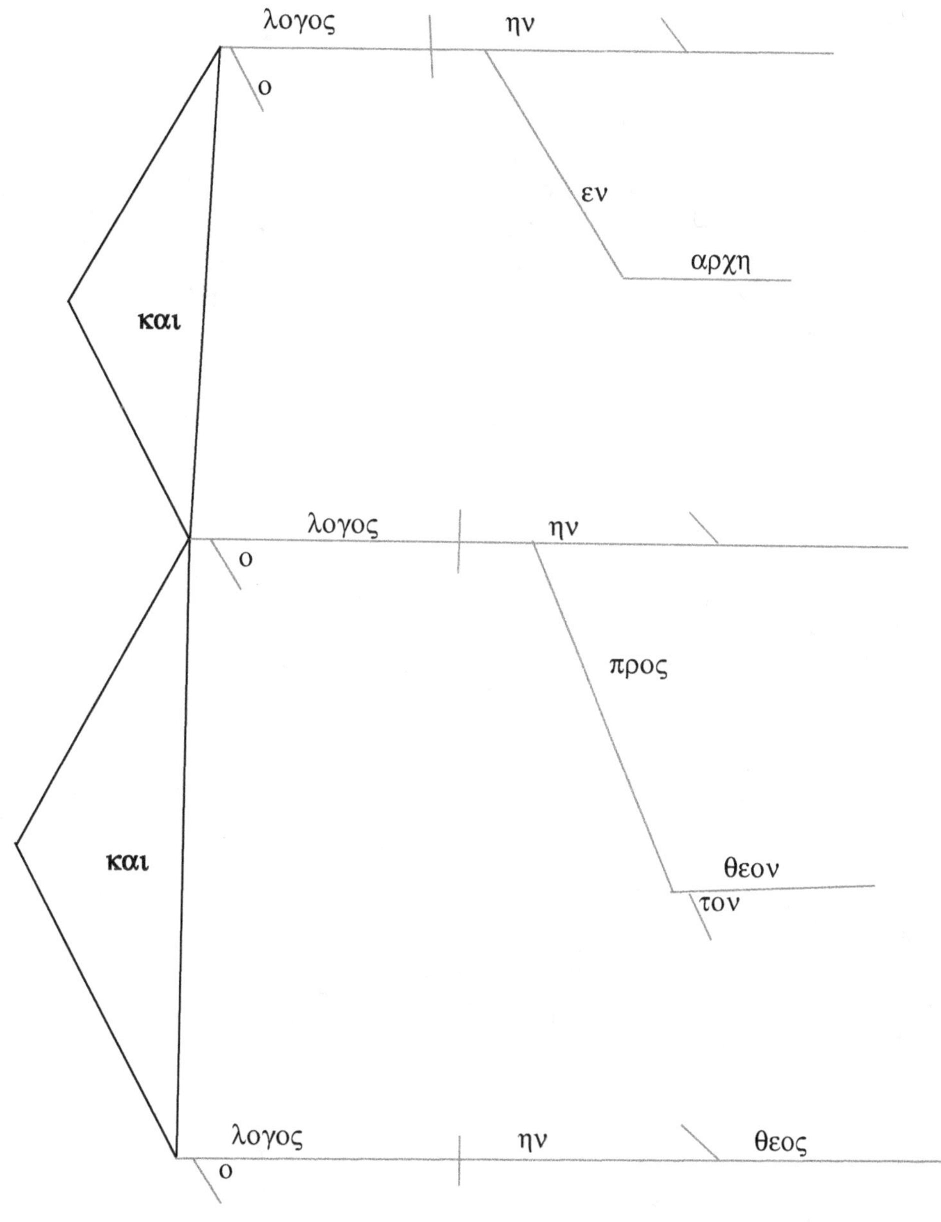

2. ...ως εν ουρανῳ **και** επι γις   Mt.6:10

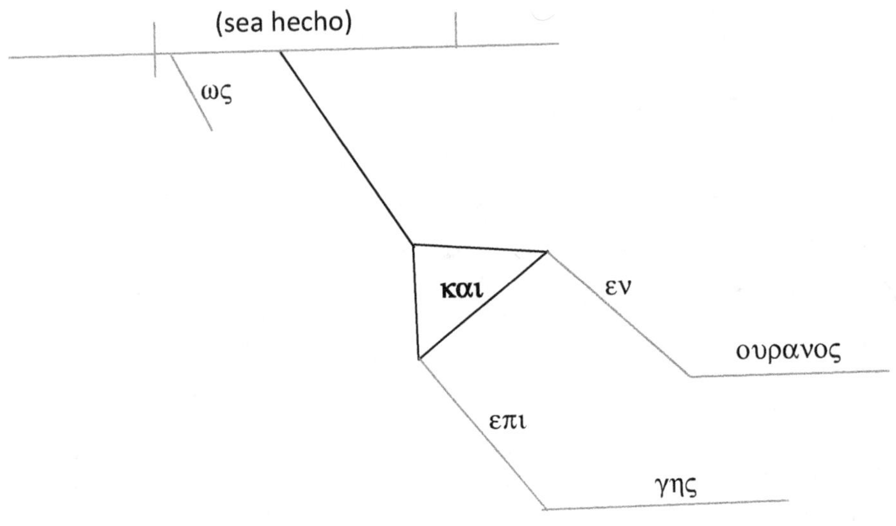

3. βλεπετε εαυτους **ινα** μη απολεσωμεν...   2 Juan:8

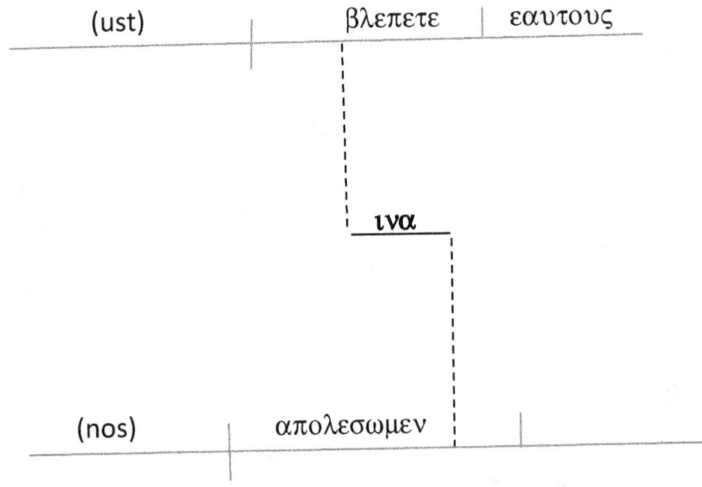

4. και ερχεται προς τους ματετας **και** ευρισκει αυτους καθευδοντας...   **Mt.26:40**

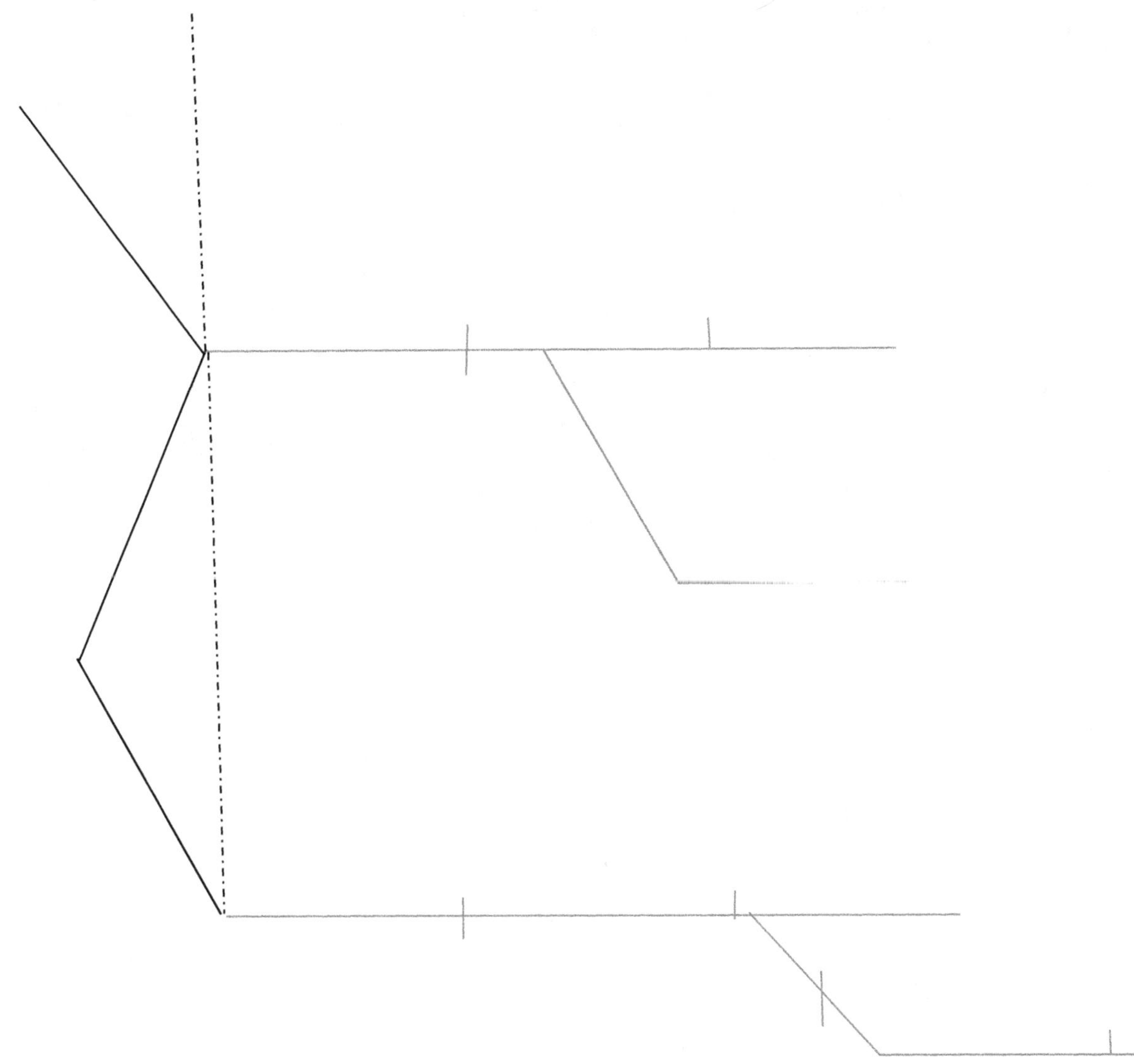

5. εν αοτω ζωη ην, **και** η ζωη ην το φως των ανθροπον   Jn.1:4

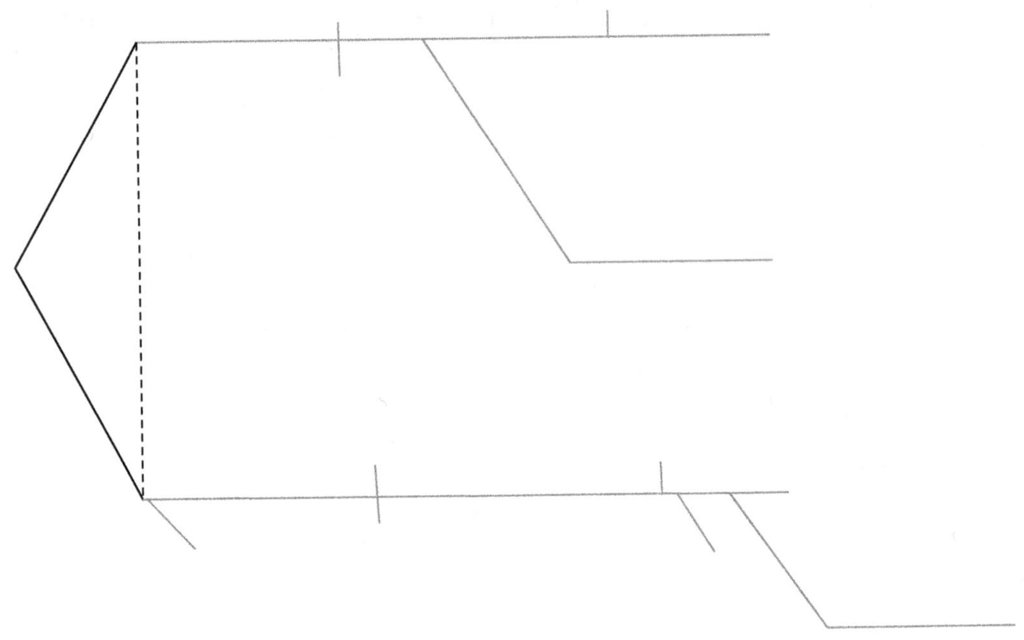

6. Ως και ημεις αφηκαμεν τοισ αφειλεταις ημων   Mt.6:12b

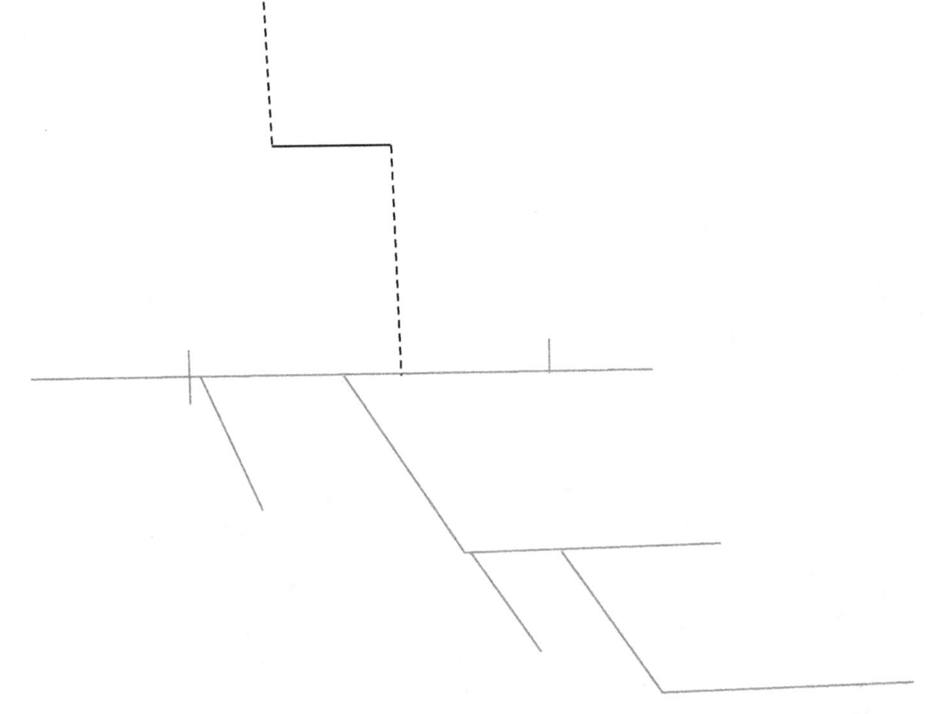

Diagramando infinitivos.

El infinitivo es un nombre verbal, aunque, algunos han consideran que es un modo o se le ha tratado como un modo. Un modo es la manera como se realiza una acción verbal de acuerdo con la actitud del sujeto que la ejecuta. El infinitivo no tiene esta particularidad. La acción que expresa un infinitivo no tiene principio o fin. Generalmente son las palabras terminadas en "ar", "er", "ir". Ya que el infinitivo tiene doble naturaleza, siendo sustantivo puede funcionar como: sujeto, complemento directo, complemento indirecto, complemento circunstancial. Como verbo puede construirse con: voz pasiva, pronombre átono, adverbio.

La forma de diagramar los infinitivos es de la siguiente manera: debe realizar una línea vertical por encima de la oración principal, esta línea debe estar sobre una línea horizontal y debe tener líneas verticales cortas como la oración principal.

Ejemplos:

1. ... θανατου δια παντος **του ζην** ενοχοι ησαν δουλειας   Hb.2:15

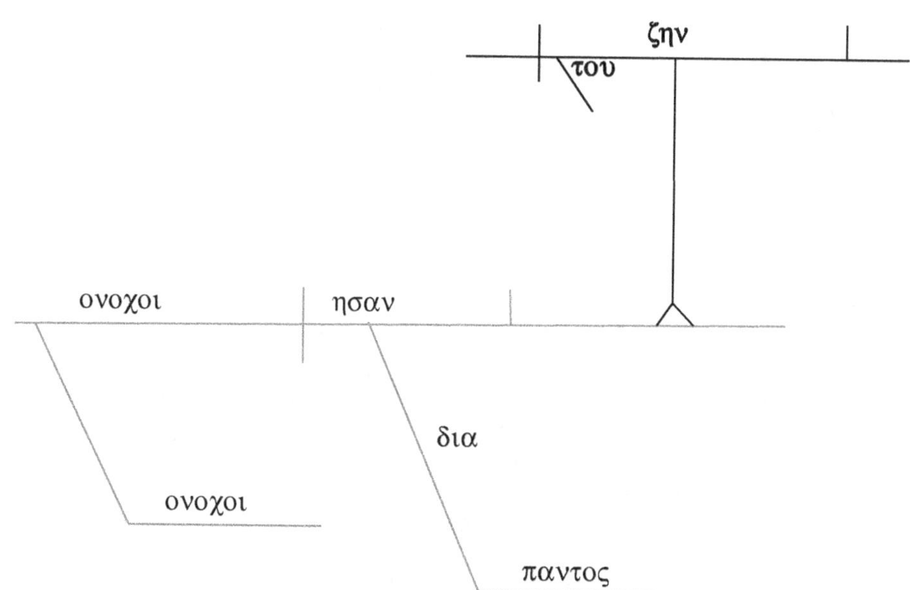

2. πλην εις ὁ εφθασαμεν τω αυτω **στοιχειν**   Fil. 3:16

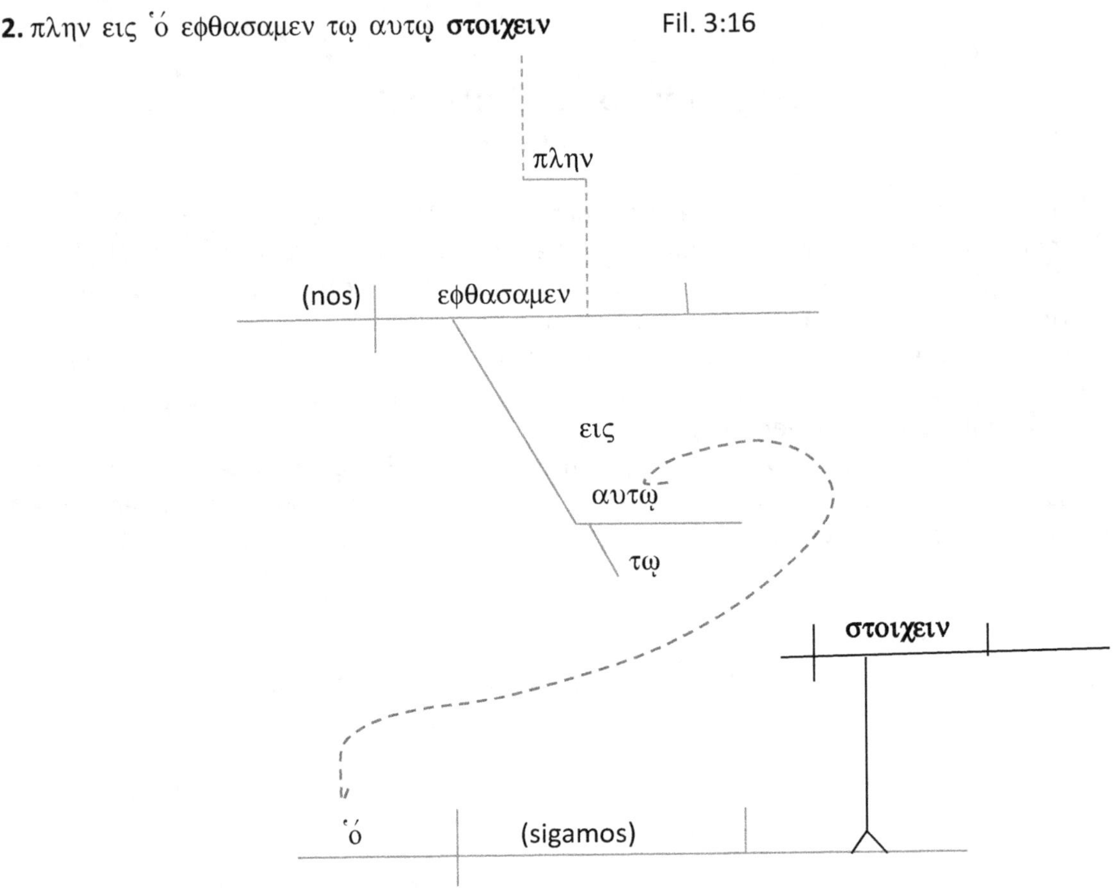

3. ο αποστολος θελει **λεγειν** τοις ἁνθροποις

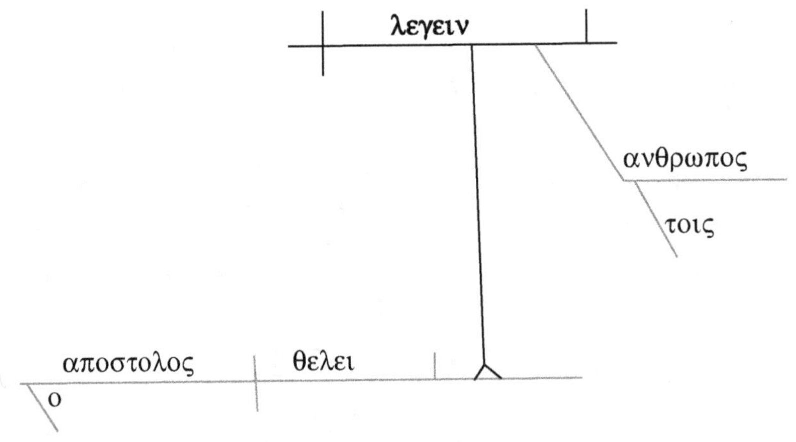

Ejercicios.

4. θελω **πεμπειν** τουτο το ιματιον τη αδελφῃ

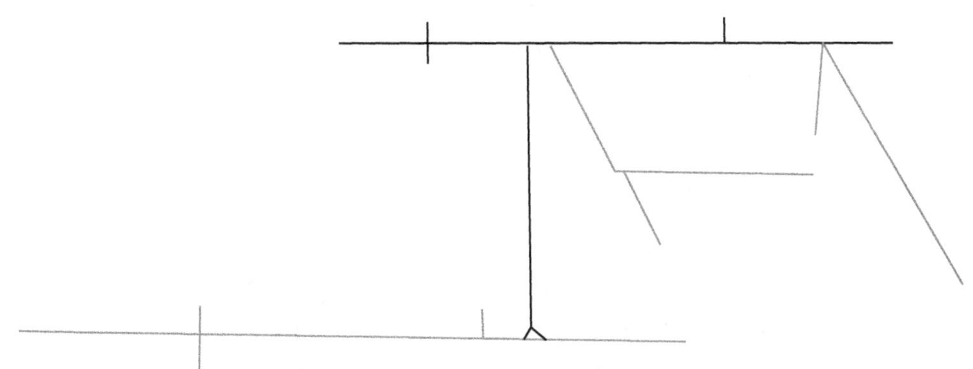

5. ...ελπιζω **ελθειν** πτος υμας και στομα προς στομα **λαλησαι**...   2 Juan:12

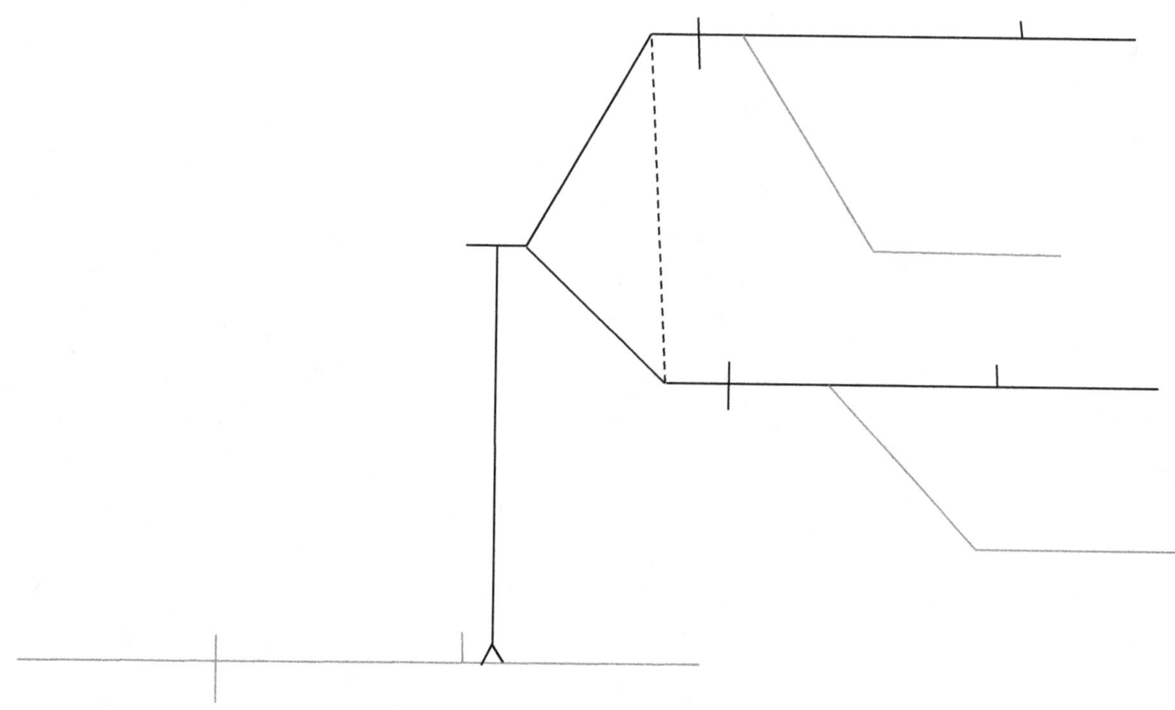

6. ου θελεις μενειν εν τω οικω

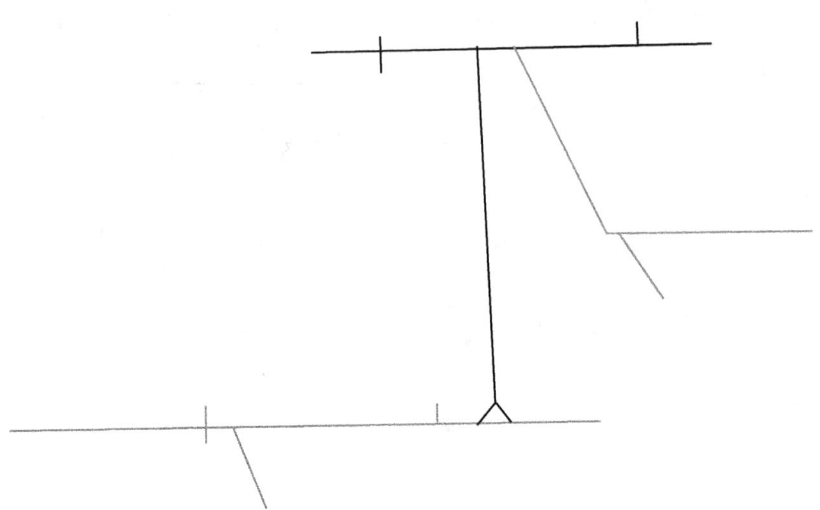

Diagramando nombres y aposiciones.

La aposición es una palabra agregada a otra para explicarla. Por lo general, está en el mismo caso de la palabra que explica. El sustantivo modificador repite de otro modo lo que se dice en el núcleo del sujeto, por lo que puede intercambiar sus funciones con aquel invirtiendo el orden.

La forma de diagramar los nombres propios debe seguir la misma norma de los sustantivos. Y las aposiciones se debe trazar líneas paralelas unidas por una pequeña línea vertical segmentada. Generalmente esto se encuentra en las introducciones de las epístolas del Nuevo Testamento. Para identificar una aposición debe tener estas características: dos sustantivos uno junto al otro, que tenga el mismo caso, las dos cosas hacen referencia a la misma cosa y los dos tienen la misma función dentro de la oración.

Ejemplos:

1 ...τοι-τους ων ως **παυλος πρεσβυτης** νυνι δε και δεσμιος Ιησου χριστου   Film: 9

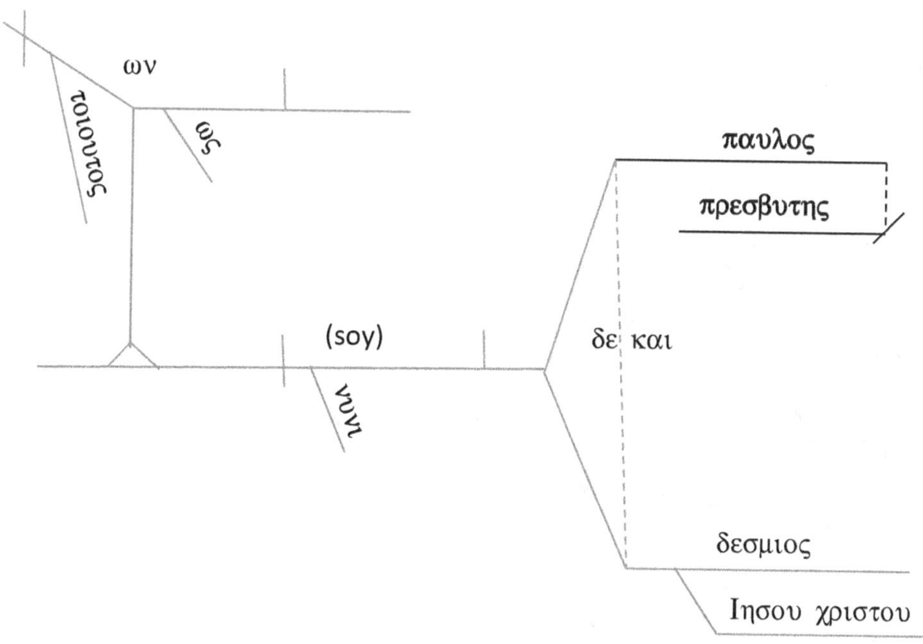

2. Αλεξανδρος ο χαλκευς πολλα μοι κακα ενεδειξατο...   2 Ti.4:14

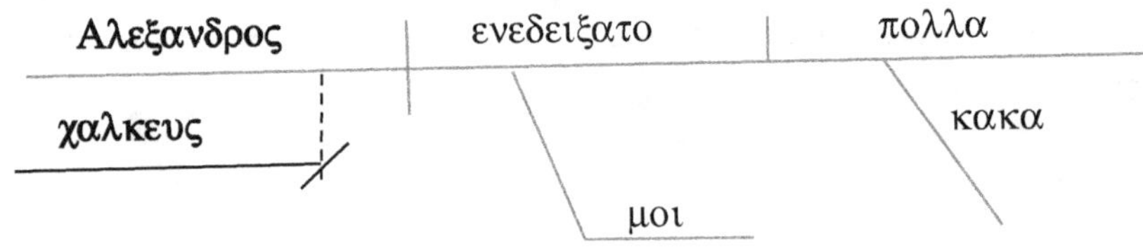

3. παυλος δεσμιος χριστου Ιησου και **τιμοτεος ο αδελφος** φιλημονι τω αγαπητω και συνεργω ημων   Film:1

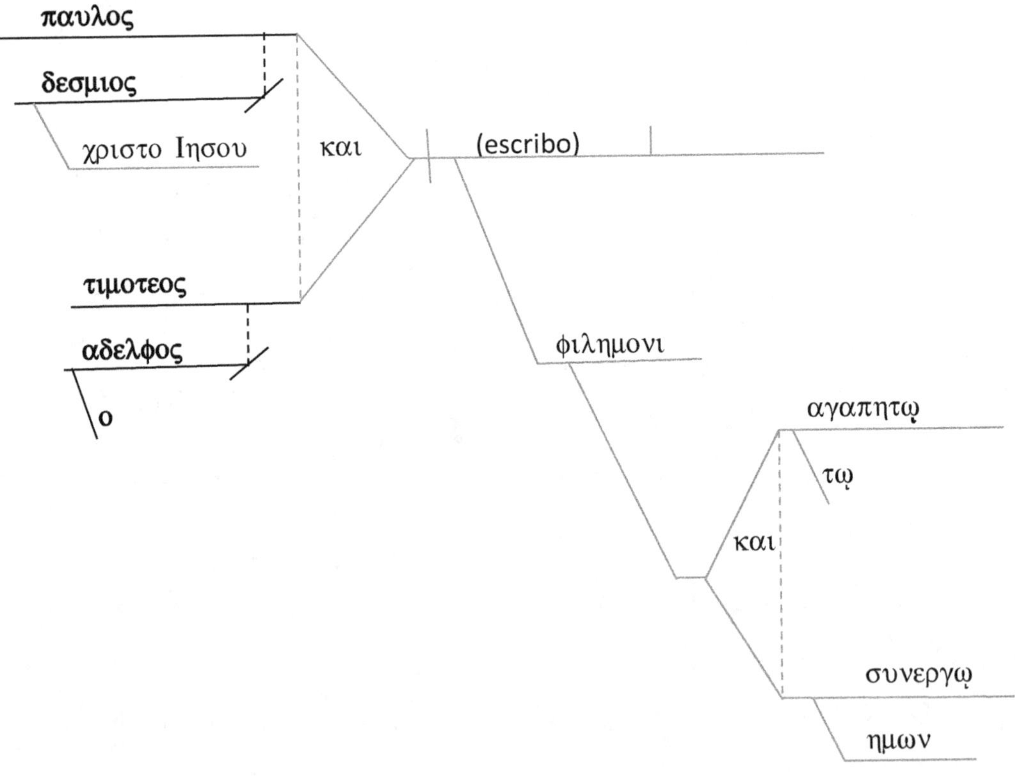

Ejercicios.

4. ... συ ει **ο χριστος ο ουιος** τον θεον ζωντος

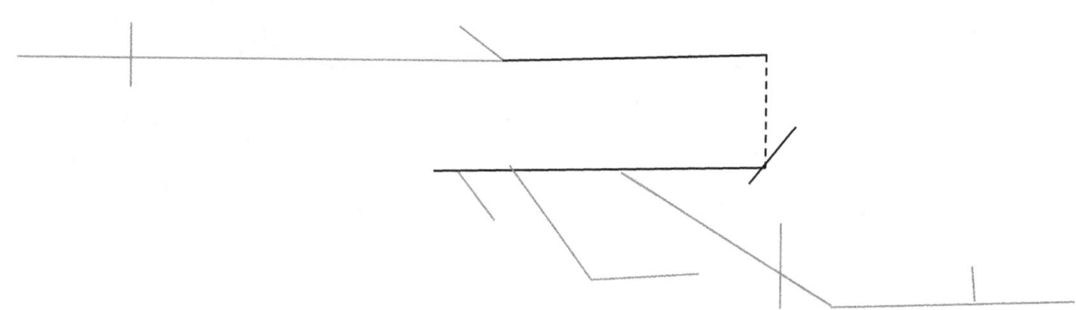

5. παυλος αποστολος χριστου Ιησου δια θελματος θεου τοις αγιοις   τοις ουσιν εν εφεσω
και πιστοις εν χριστω Ιησου   Ef.1:1

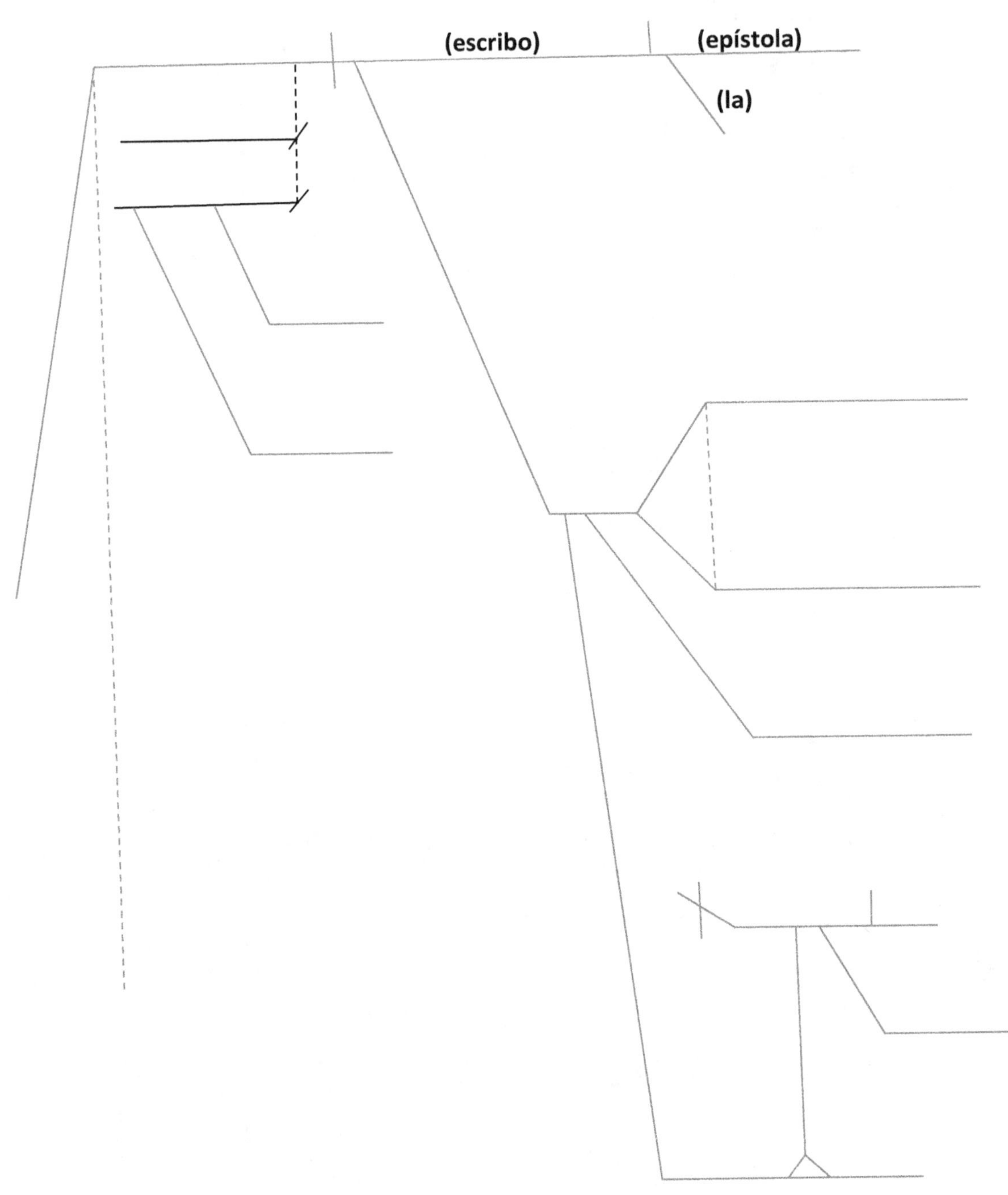

6. εσται μεθ ημων **χαρις, ελεος, ειρηνε...** εν αληθεια και αγαπη   2 Juan:3

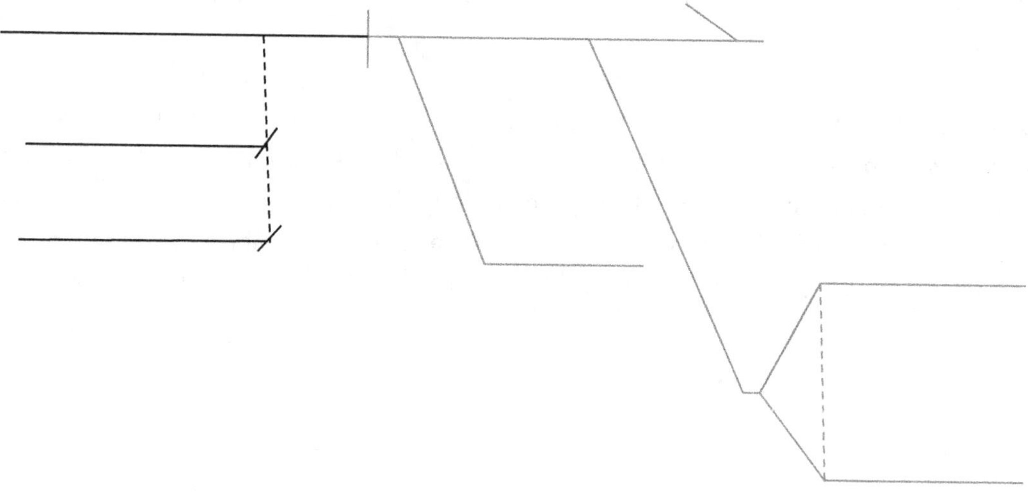

Diagramando pronombres.

Los pronombres señalan al objeto sin mencionar el nombre del objeto. Los pronombres tienen las funciones de evitar la redundancia, debido al lenguaje redundante y especifico que tiene el griego koiné. Se dará cuenta que existe demasiados nombres y para que siga la línea del discurso se usan pronombres para evitar tal redundancia; otro uso es para clarificar y en algunos casos para dar énfasis.

La forma de diagramar es similar a los sustantivos. Si se fija la forma de diagramar de los sustantivos arriba, debe seguir los mismos pasos excepto los pronombres relativos. Daniel Wallace en su libro "sintaxis del griego del Nuevo Testamento" nos dice que hay tres cosas que se tienen que considerar sobre los pronombres: 1) ¿Qué clase de pronombre es? 2) ¿Cuál es el uso del pronombre? 3) ¿Cuál es su antecedente o procedente? No se olvide de estos datos.

Ejemplo.

1. εν τω κοσμω ην και ο κοσμος δι **αυτου** εγενετο, και ο κοσμος **αυτον** ουκ εγνω   Jn.1:10

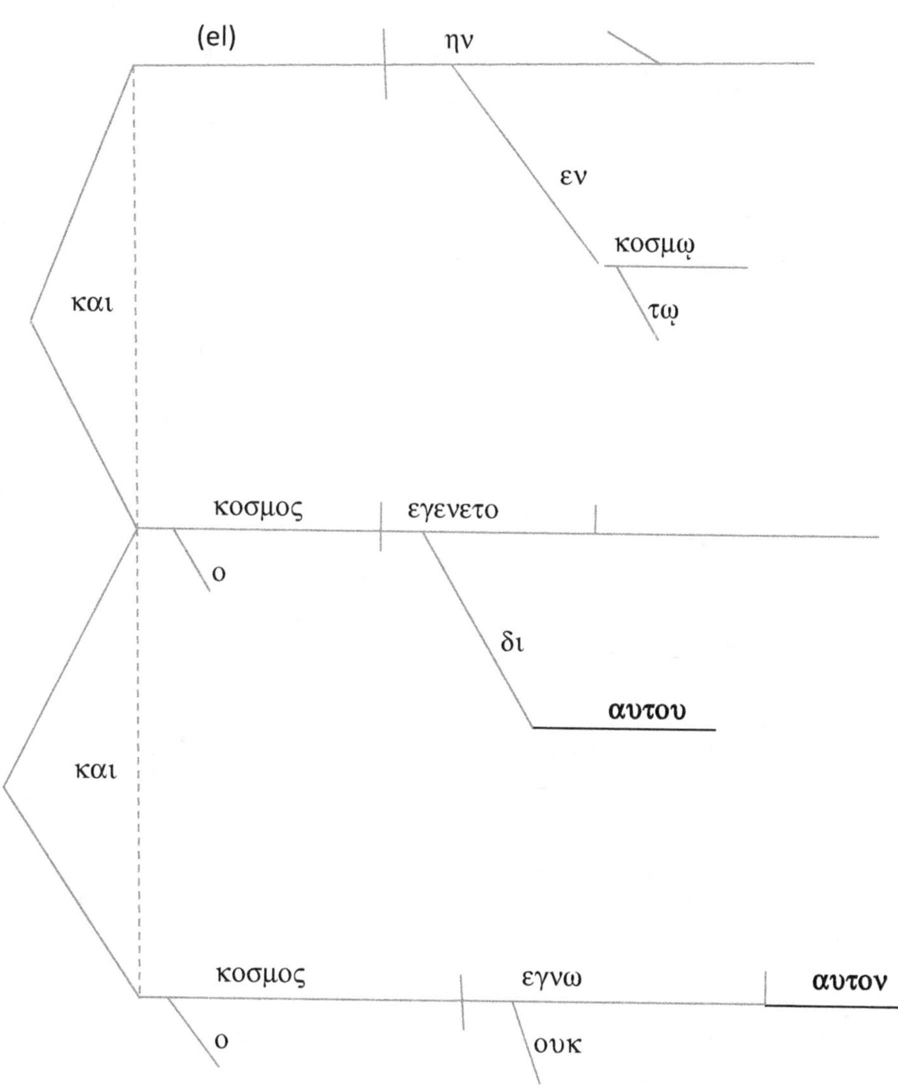

2. ην το φος το αληθινον ὅ φωτιζει παντα ανθρωπον ερχομενον εις τον κοσμον   Juan.1:9

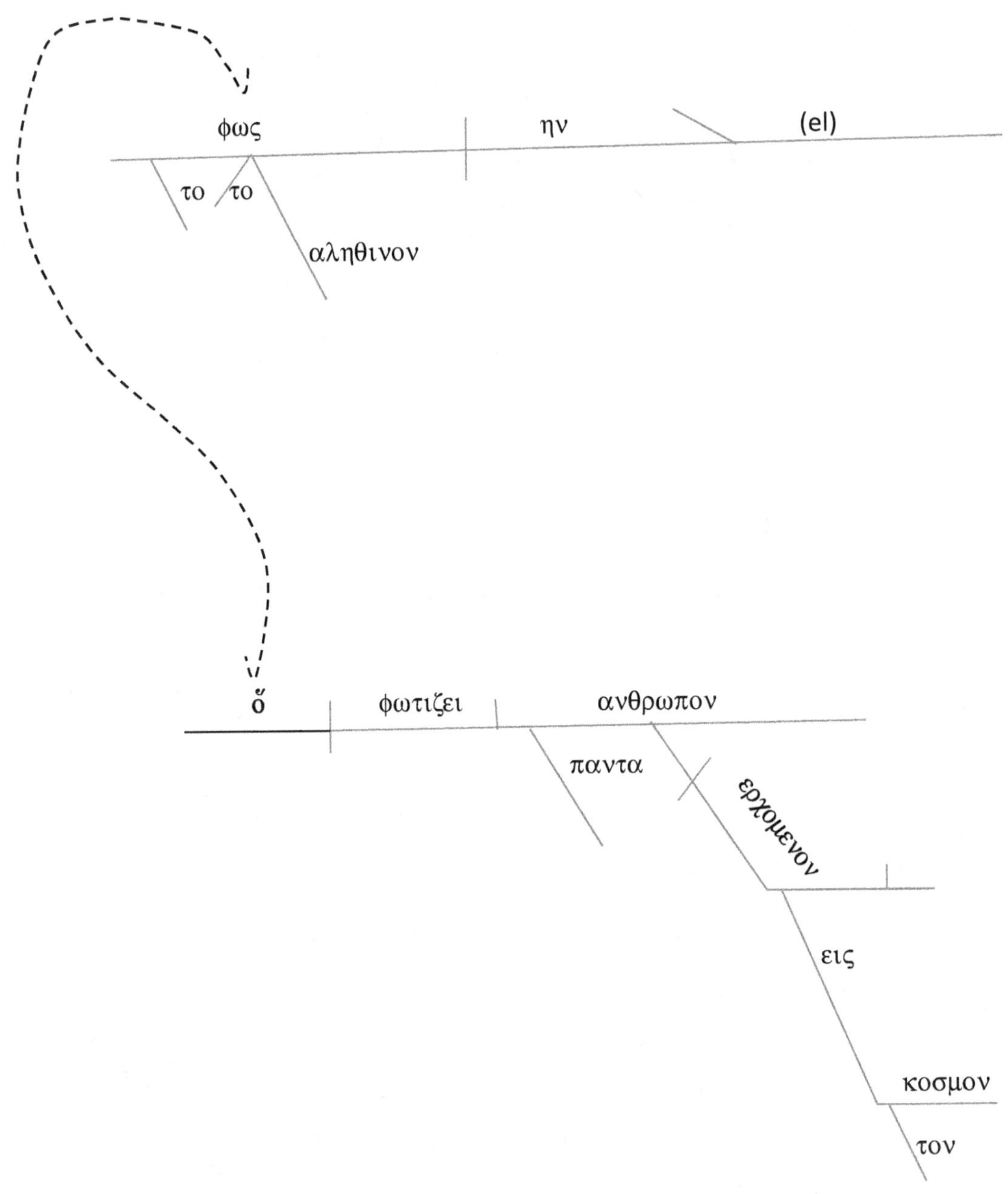

3. και μη εισένεγκῃς **ημας** εις πειρασμον, αλλα ρυσαι **ημας** απο του πονηρου   Mat.6:13

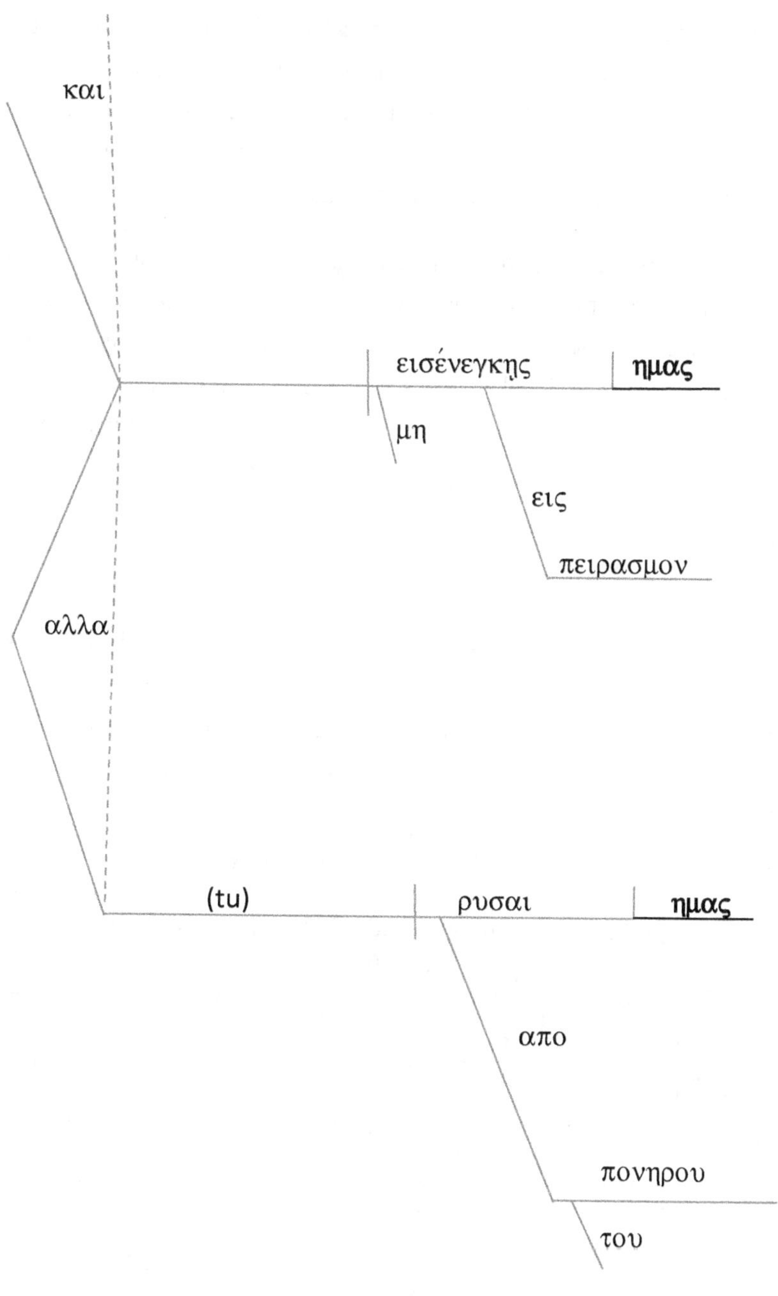

Diagramando oraciones.

Una oración es un conjunto de palabras comprendidas entre dos signos de puntuación. Los signos de puntuación del griego que son el punto (.) que español es el punto final (.) y el signo de interrogación (;) que en español es un signo de interrogación (¿?) el punto alto (·) que en español es (;) (:) (¡!). para reconocer que tipo de oraciones se debe considerar los signos de puntuación y luego reconozca que tipo de oración es. Hasta este punto usted ya está capacitado para diagramar siguiendo los pasos descritos en las lecciones anteriores. No todas las oraciones son iguales. Se distinguen tres tipos: oraciones simples, oraciones compuestas y oraciones complejas.

En esta parte que sigue, veremos ejemplos de oraciones simples, compuestas y complejas. Para que pueda el lector pueda distinguir los tipos de oraciones. Estos ejemplos le van a ayudar a reconocer los tipos de oraciones, porque cuando haga su análisis exegético de un pasaje de la Biblia y haga la diagramación notara que estos tipos de oraciones están en todas partes. Esto le va a ayudar a reconocer la línea de pensamiento de la oración dentro del párrafo, capitulo o libro del Nuevo Testamento.

La oración simple.

La oración simple es la que está formada por un solo verbo, expresan una idea completa. Además, que las oraciones simples presentan una sola acción verbal. La frase simple no se introduce con conjunciones de subordinación y cuenta con un solo predicado que gira en torno al verbo conjugado.

Ejemplos.

1. τον αρτον ημων τον επιουσιον δος ημιν σημερον   Mat.6:11

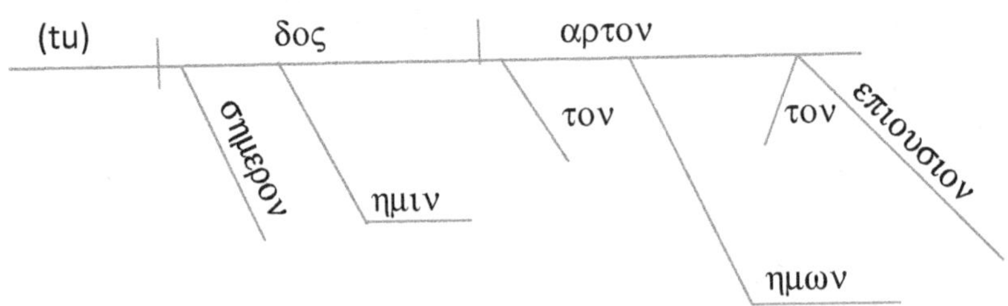

2. ασπαζεται σε τα τεκνα της αδελφης σου της εκλεκτης. αμην   2 Juan:13

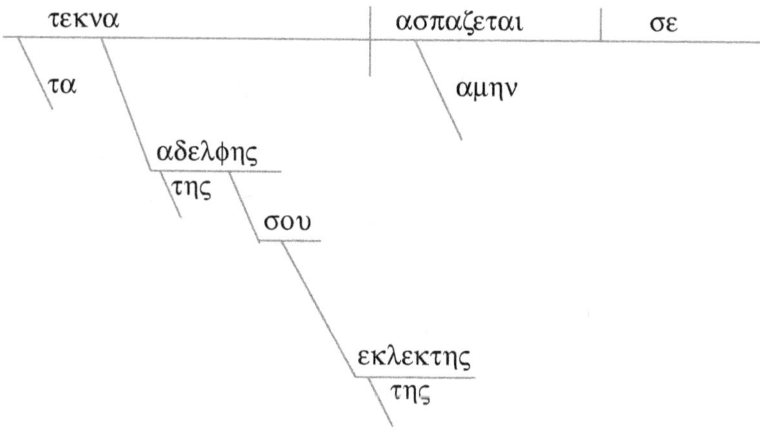

3. ασπαζονται σε Επαφρας ο συναιχμαλωτος μου εν χριστω Ιησου   Film: 23

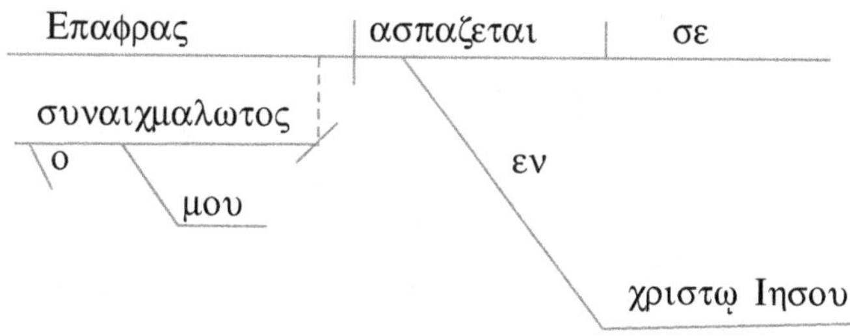

4. η χαρις του κυριου ημων Ιησου χριστου μετα του πνευματος υμων. Αμην   Film:25

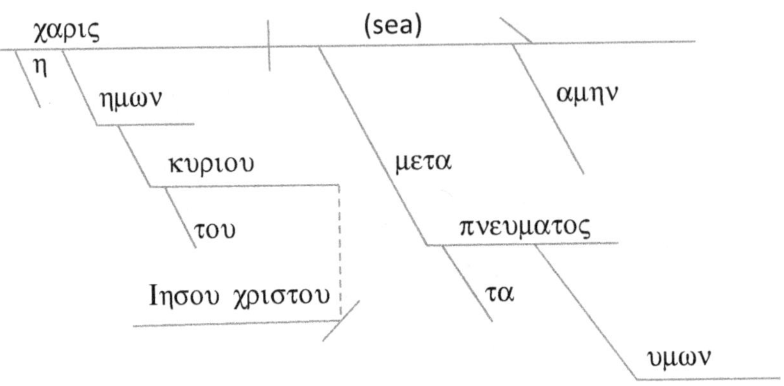

Oraciones compuestas.

Este tipo de oraciones tienen dos oraciones unidas por conjunciones. Cada uno de los pensamientos puede tener una idea completa. Generalmente son unidas por conjunciones de tipo coordinación como: και, αλλα, δε, ἤ, ουν, etc.

Ejemplos.

1. εν αυτῳ ζωη ην, και η ζωη ην το φως των ανθροπων και το φως εν τη σκοτια φαίνει, και η σκοτια αυτο ου κατελαβεν   Juan.1:4,5

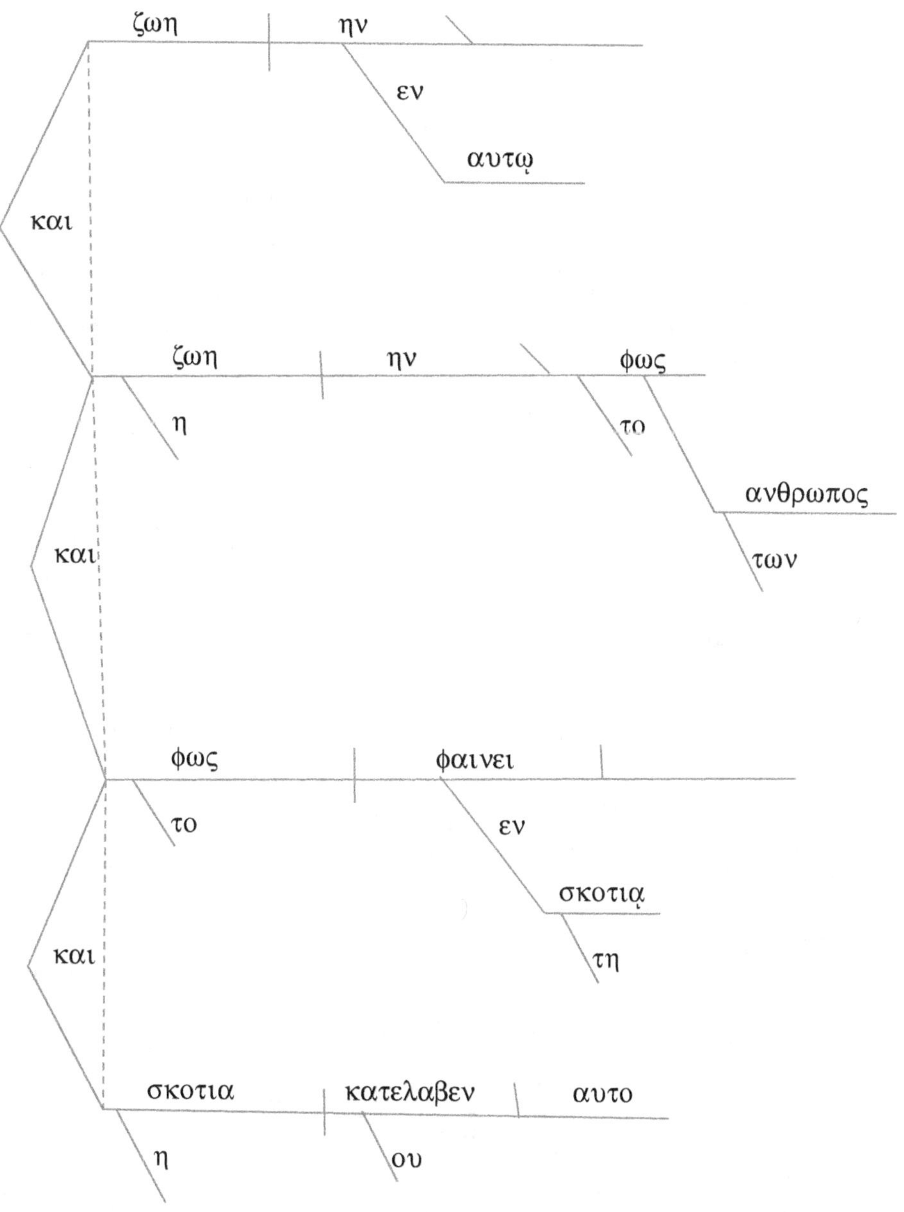

2. εν τω κοσμω ην και ο κοσμος δι αυτου εγενετο και ο κοσμος αυτον ουκ έγνω. εις τα ιδια ηλθεν και οι ιδιοι αυτον ου παρελαβον. οσοι δε ελαβον αυτον εδωκεν αυτοις εξουσιαν τεκνα θεου γενεσθαι τοις πιστεευουσιν εις το ονομα αυτου.   Juan.1:10-12

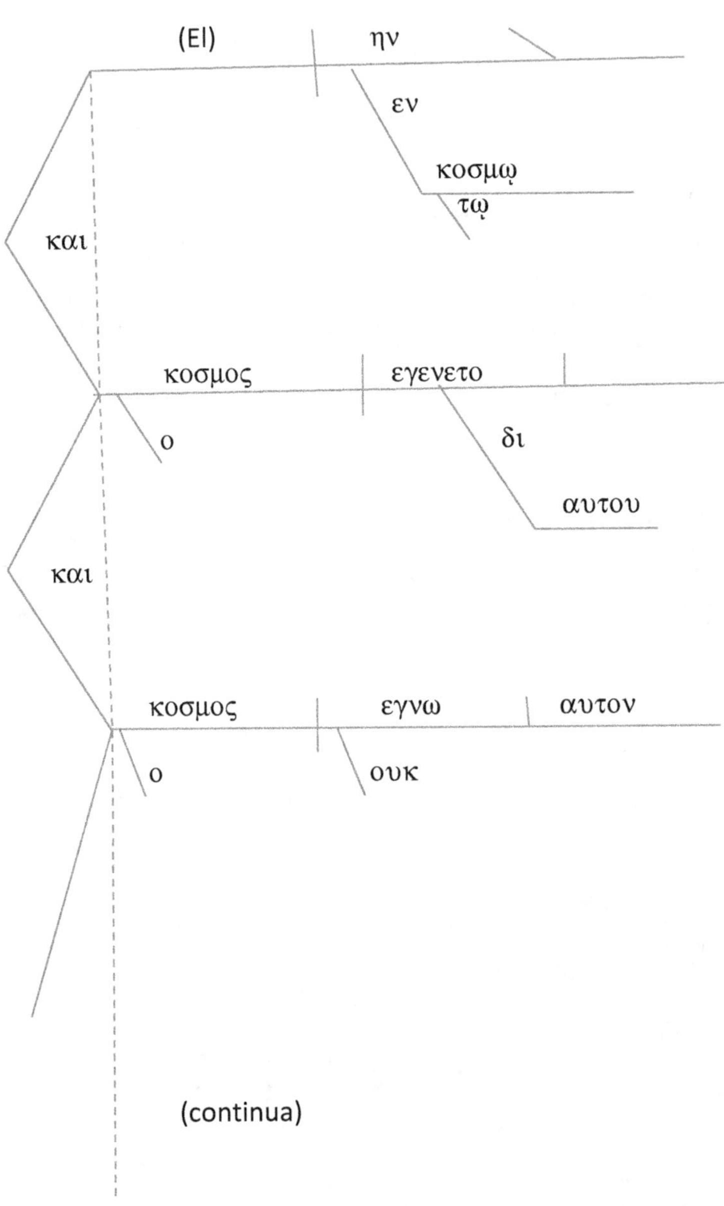

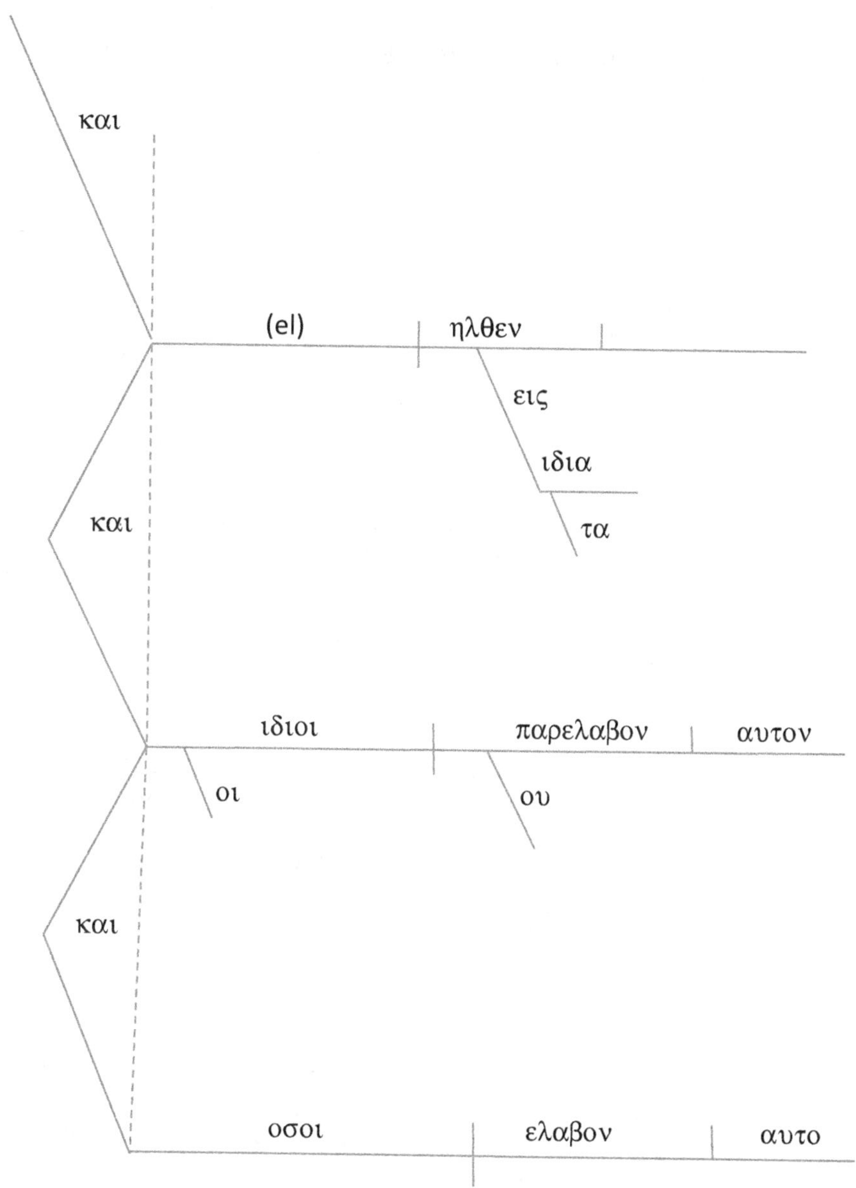

Oraciones complejas.

Las oraciones complejas son las que están compuestas por más de dos oraciones, una denominada principal y la otra subordinada. Estas oraciones se ordenan de manera dependiente. Para reconocer las oraciones complejas se tiene que notar que esta anexado por conjunciones de subordinación. Las subordinadas se presentan de manera explícita cuando el verbo está conjugado; y de forma implícita cuando el verbo no está conjugado. Algunas de estas oraciones están unidas por conjunciones como: ινα, γαρ, οτι, etc.

Ejemplos.

1. ταχα γαρ δια τουτο εχωρισθε προς ωραν ινα αιωνιον αυτον απεχῃς   Film:15

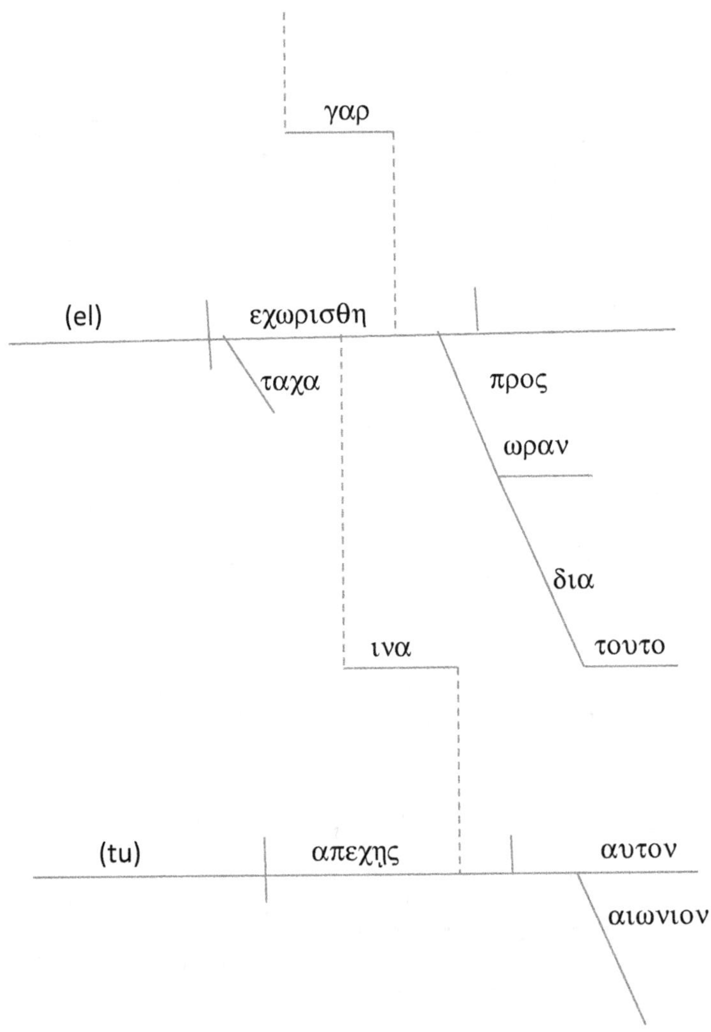

2. και αυτη εστιν η μαρτυρια του Ιωαννου οτε απεστειλαν προς αυτον οι Ιουδαιοι εξ Ιεροσολυμων ιερεις και λευιτας ινα ερωτησωσιν αυτον...   Juan.1:19

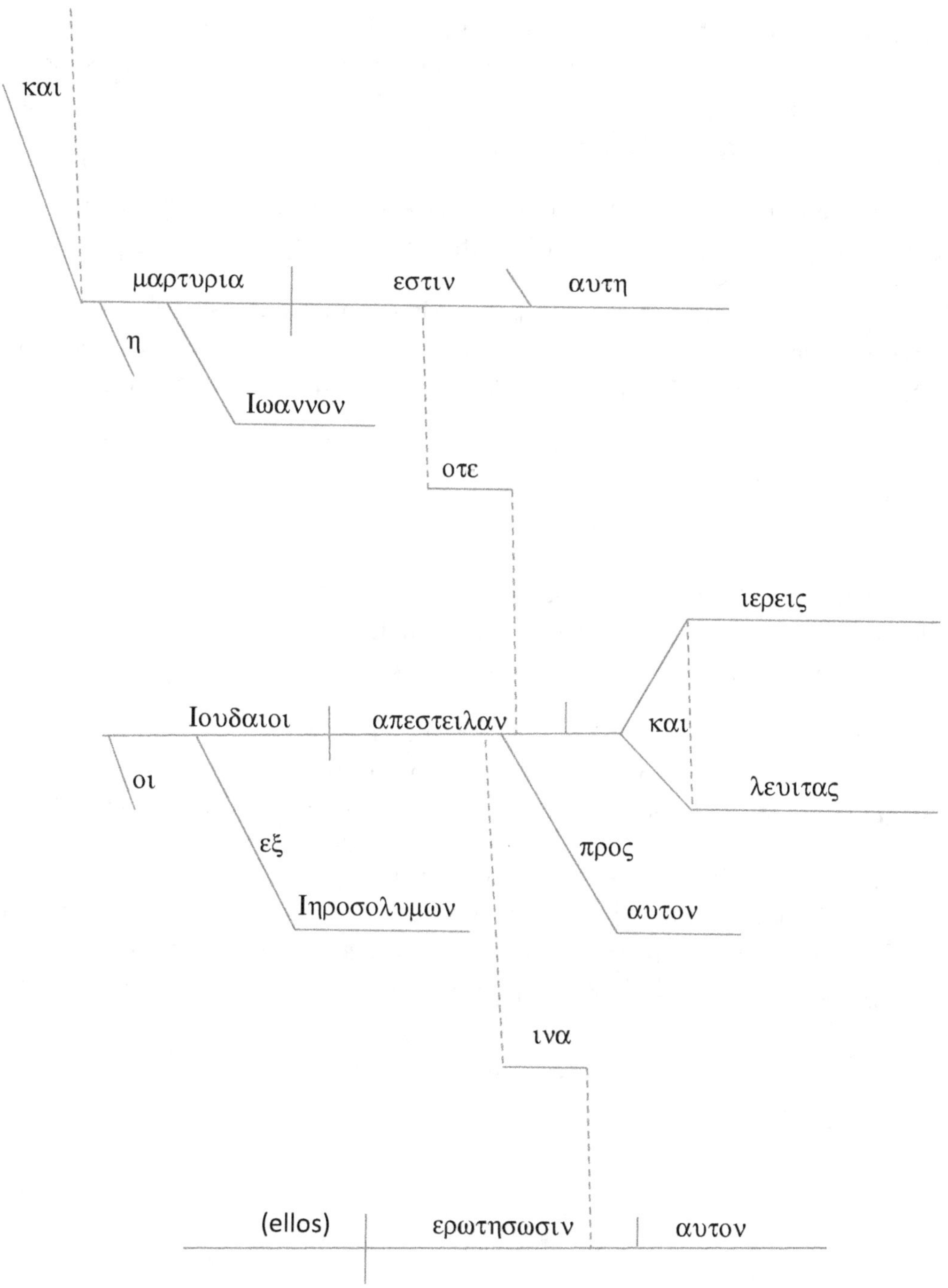

Apéndice 1. Como la diagramación ayuda en la estructuración de los sermones.

La diagramación no solamente ayuda a una sintaxis profunda de la oración, sino también, ayuda a otras áreas como la predicación; estructurar un sermón es una de las cosas más difíciles que hay. Existen varios métodos y formas de hacerlo. Este apéndice trata de mostrar que la diagramación ayuda a hacer una estructura para los sermones. Es importante entender lo siguiente:

1. La línea horizontal que forma la oración principal en el diagrama, también serán los puntos principales y los subpuntos principales de la estructura para el sermón.

2. Las líneas verticales cortas que se usan para dividir la oración principal, también serán las subdivisiones para la oración principal. Y aquellas líneas verticales inclinadas sobre la línea horizontales que representa los modificadores de la oración son los subpuntos de los subpuntos.

3. Los conectores o conjunción de una oración ya sea compuesta o compleja. Esas son las que ayudan a conectar punto con otro punto. De esta manera el sermón está estructurado en puntos sacados del mismo versículo diagramado.

4. Siempre piense en termino de unidades; empiece de mayor a menor. observe las líneas horizontales de la oración principal, luego fíjese en los modificadores de la oración. Y así sucesivamente creara esquemas en su mente para estructurar sermones.

5. La redacción de la estructura debe seguir el orden tal cual se encuentra en el diagrama. Usted puede luego darle estética y estilo, pero al principio es necesario que su mente trabaje en estos esquemas para que memorice y pueda tener confianza en hacer sermones estructurados.

6. Es siempre recomendable que este trabajo lo haga en hoja y lápiz, no use todavía una computadora o programas computacionales como logos o bibleworks. La práctica manual le ayuda a la agilidad mental para reconocer o hacer una estructura solo con la lectura de su Nuevo Testamento y una vez que haya tenido la practica necesaria haga uso de las herramientas disponibles.

Ejemplos:

1. εν αρχη ην ο λογος, και ο λογος ην προς τον θεον, και θεος ην ο λογος ουτος ην εν αρχη προς τον θεον   Juan.1:1,2

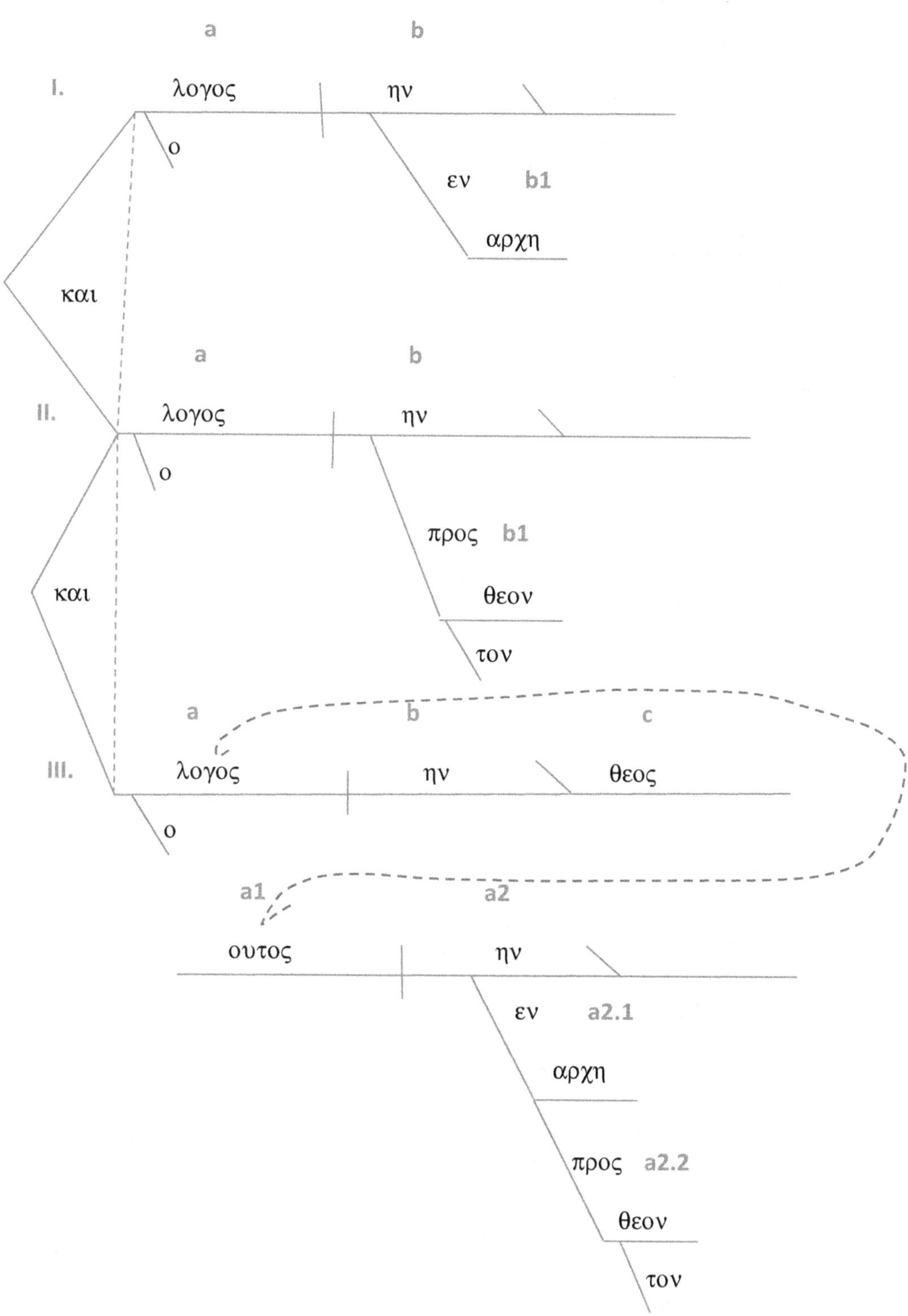

Título del sermón: ……………………………………

introducción.

I. ……………………………………

    a. ………………………………

    b. ………………………………

        b1. …………………………

II. ……………………………………

    a. ………………………………

    b. ………………………………

        b1. …………………………

III. ……………………………………

    a. ………………………………

        a1. …………………………

        a2. …………………………

            a2.1. …………………

            A2.2. …………………

    b. ………………………………

    c. ………………………………

Conclusión.

2. παντα δι αυτου εγενετο και χωρις αυτου εγενετο ουδε εν ὅ γεγονεν   Juan.1:3

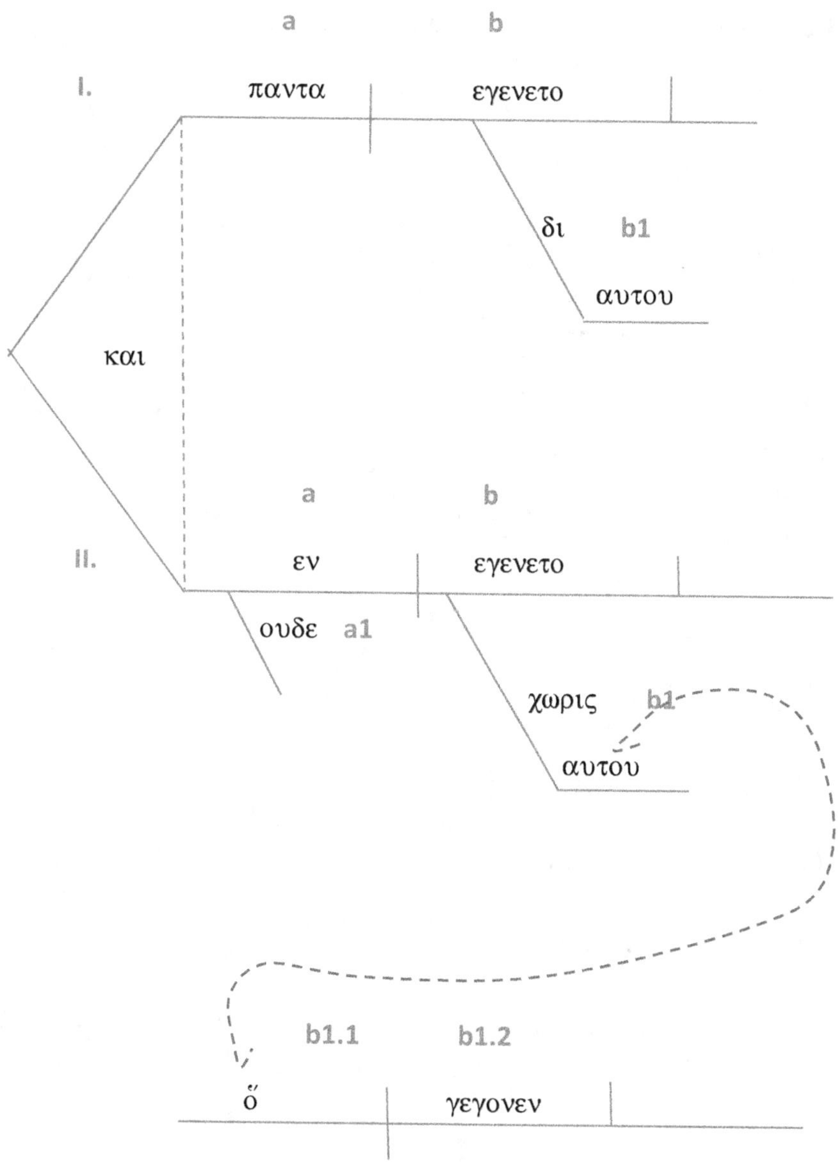

Título del sermón: ……………………………………………………

Introducción.

    I. ……………………………………………

        a. …………………………………

        b. …………………………………

            b1. ……………………………

    II. …………………………………………

        a. …………………………………….

            a1……………………………….

        b. ……………………………………

            b1……………………………….

                b1.1……………………………

                b1.2. ……………………………

Conclusión.

3. εν αυτω ζωη ην και η ζωη ην το φως των ανθρωπων και το φως εν τη σκοτια φαινει και η σκοτια αυτο ου κατελαβεν   Juan.1:4,5

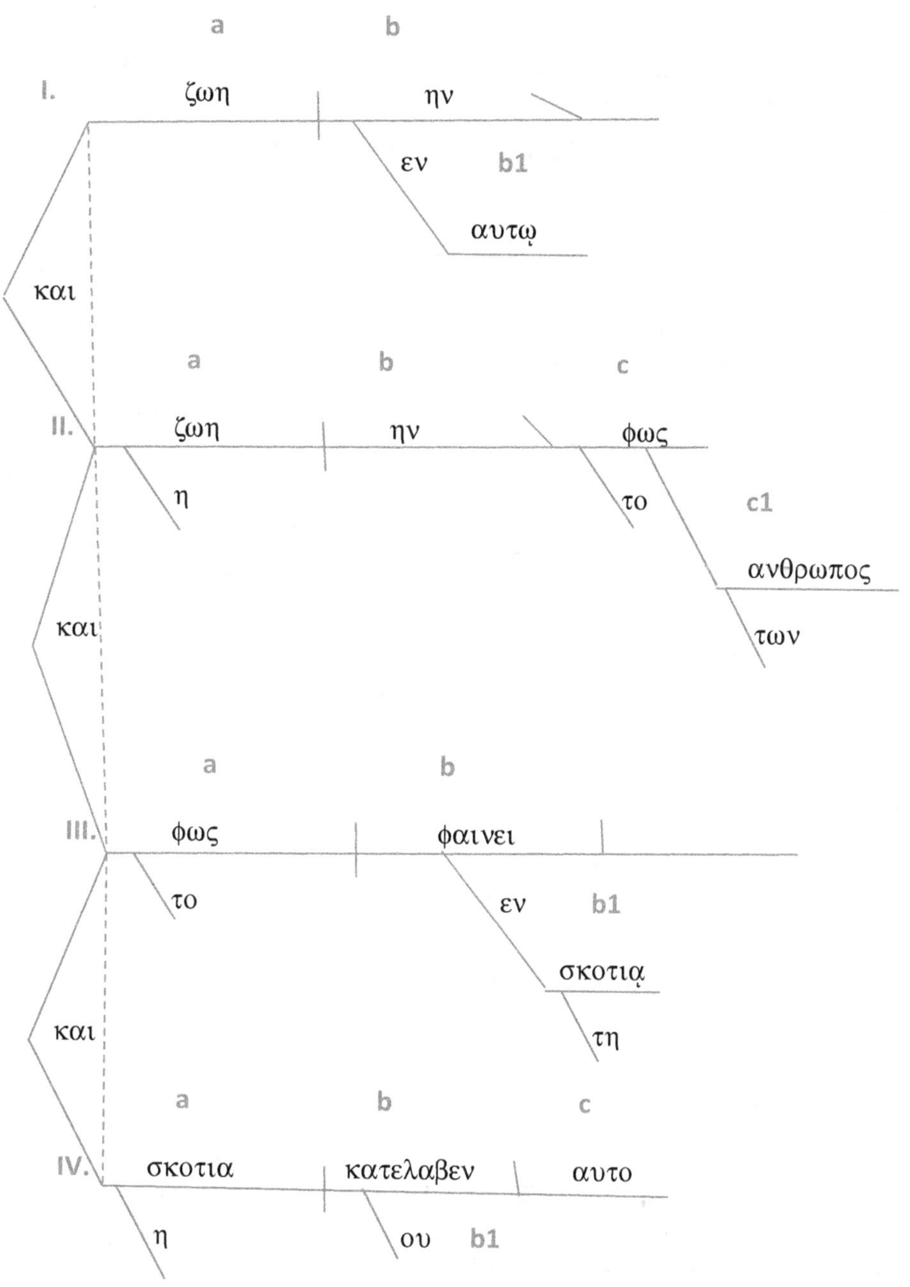

Título del sermón: ……………………………………………..

Introducción.

I.   …………………………………

      a.   ………………………………

      b.   ………………………………

            b1. ……………………………

II.   …………………………………………

      a.   …………………………………

      b.   …………………………………

      c.   ……………………………………

            C1. …………………………………

III.   …………………………………………………

      a.   ……………………………………

      b.   ……………………………………

            b1. …………………………………

IV.   …………………………………………

      a.   ……………………………………

      b.   ……………………………………

            b1. ……………………………………

      c.   ……………………………………………

Apéndice 2. Ejemplos de versículos diagramados – Filemón 1-3

Hacer diagramaciones sin aplicarlo a la exegesis es solo un conocimiento vacío. Vamos a mostrar unos ejemplos de análisis morfológico y sintáctico donde sea un modelo para que pueda hacer estudios profundos de la Biblia. Para mayor información consulte "el método lingüístico en la exegesis" de Artemio G. Colque donde explora los diferentes métodos lingüísticos para la exégesis.

v.1. Παῦλος, δε σμιος Χριστοῦ Ἰησοῦ, και Τιμο θεος ὁ ἀδελφος, Φιλη μονι τωάγαπητω και συνεργω ἡμῶν

palabra	Tiempo caso	Modo genero	voz	Per.	Núm	Forma léxica	Significado de la palabra	observación
Παῦλος	Nom.	Masc.			Sing.	Παῦλος	pablo	
δεσμιος	Nom.	Masc.			Sing.	δεσμιος	prisionero	
Χριστοῦ	Gen.	Masc.			Sing.	Χριστοῦ	De Cristo	
Ἰησοῦ	Gen.	Masc.			Sing.	Ἰησοῦ	Jesús	
και	(conjunción)					και	y	
Τιμο θεος	Nom.	Masc.			Sing.	Τιμοθεος	Timoteo	
ὁ ἀδελφος	Nom.	Masc.			Sing.	ἀδελφος	El hermano	
Φιλημονι	Dat.	Masc.			Sing.	φιλημονη	A Filemón	
τωάγαπητῷ	Dat.	Masc.			Sing.	αγαπητος	El amado	
και	(conj.)					και	y	
συνεργῷ	Dat.	Masc.			Sing.	συνεργος	Al colaborador	
ἡμῶν	Gen.	(p.p.1p)			Pl.	εγω	nuestro	

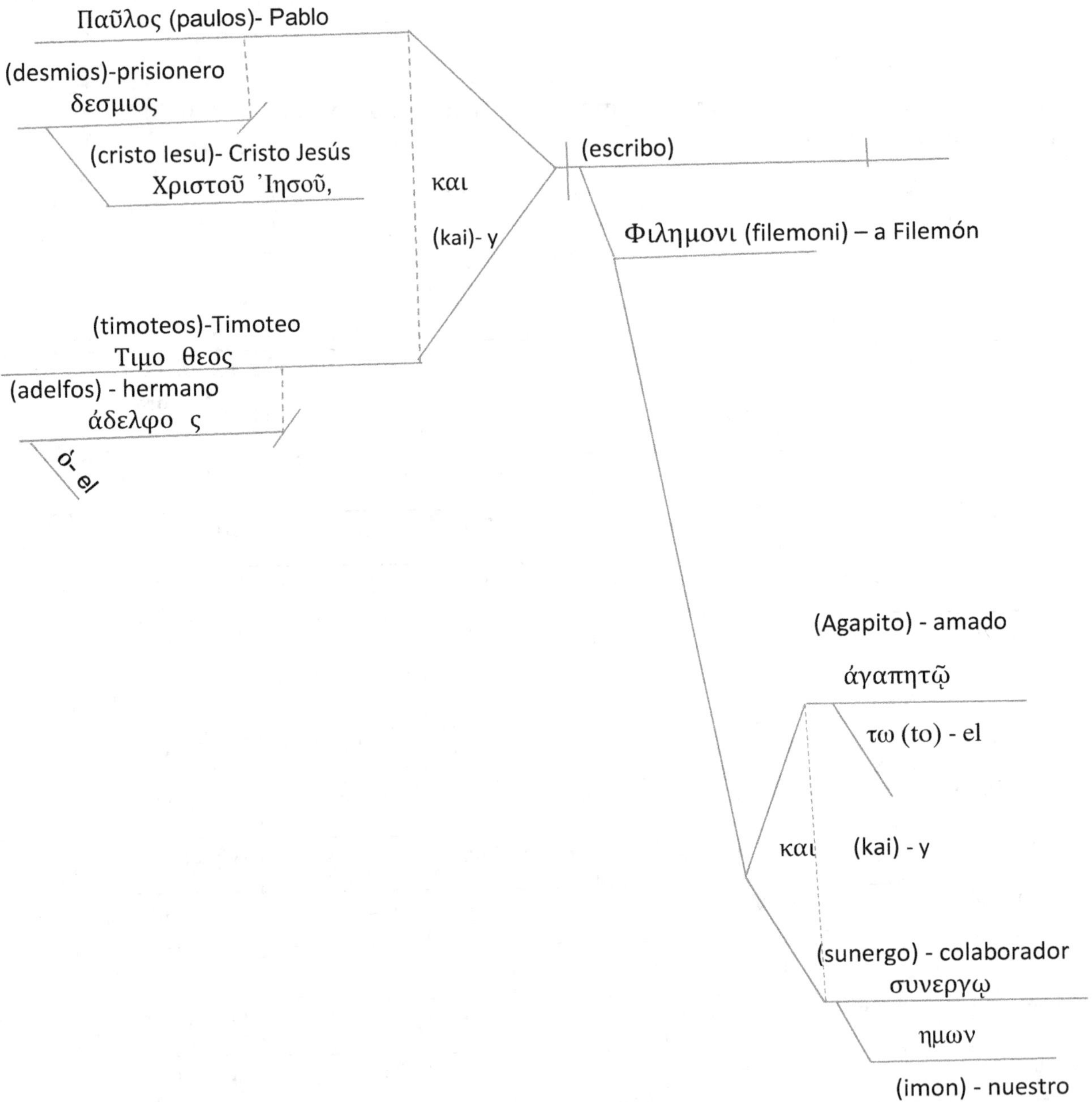

Παῦλος (paulos)- Pablo
(desmios)-prisionero
δεσμιος
(cristo Iesu)- Cristo Jesús
Χριστοῦ Ἰησοῦ,
και
(kai)- y
(timoteos)-Timoteo
Τιμο θεος
(adelfos) - hermano
ἀδελφο ς
ο - el
(escribo)
Φιλημονι (filemoni) – a Filemón
(Agapito) - amado
ἀγαπητῷ
τω (to) - el
και (kai) - y
(sunergo) - colaborador
συνεργω
ημων
(imon) - nuestro

2 καὶ Ἀπφίᾳ τῇ ἀγαπητῇ καὶ Ἀρχίππῳ τῷ συστρατιώτῃ ἡ μῶν καὶ τῇ κατ᾽ οἶκόν σου

ἐκκλησίᾳ·

palabra	Tiempo o caso	Modo genero	voz	Per.	Núm.	Forma léxica	Significado de la palabra	observación
και	(Conj.)					και	y	
Ἀπφίᾳ	Dat.	Fem.			Sing.	Ἀπφια	Apia	
τῇἀγαπητῇ	Dat.	Fem.			Sing.	αγαπιτος	La Amada	
και	(Conj.)					και	y	
Ἀρχίππῳ	Dat.	Masc.			Sing.	Ἀρχιππο	Arquipo	
τῷσυστρατιω τη	Dat.	Masc.			Sing.	συστρατιωτη	Compañero de armas	
ἡμῶν	Gen.	(p.p.1. p)			pl.	εγω	nuestro	
και	(Conj.)					και	y	
τῇκατ᾽	(prep. en acus.)					κατα	A través de tu	Frase prep.
οἶκον	Acus.	Masc.			Sing.	οἶκος	casa	Frase prep.
σου	Gen.	(p.p.2. p)			Sing.	συ	De ti	Frase prep.
ἐκκλησιᾳ·	Dat.	Fem.			Sing.	ἐκκλησια	A la iglesia.	

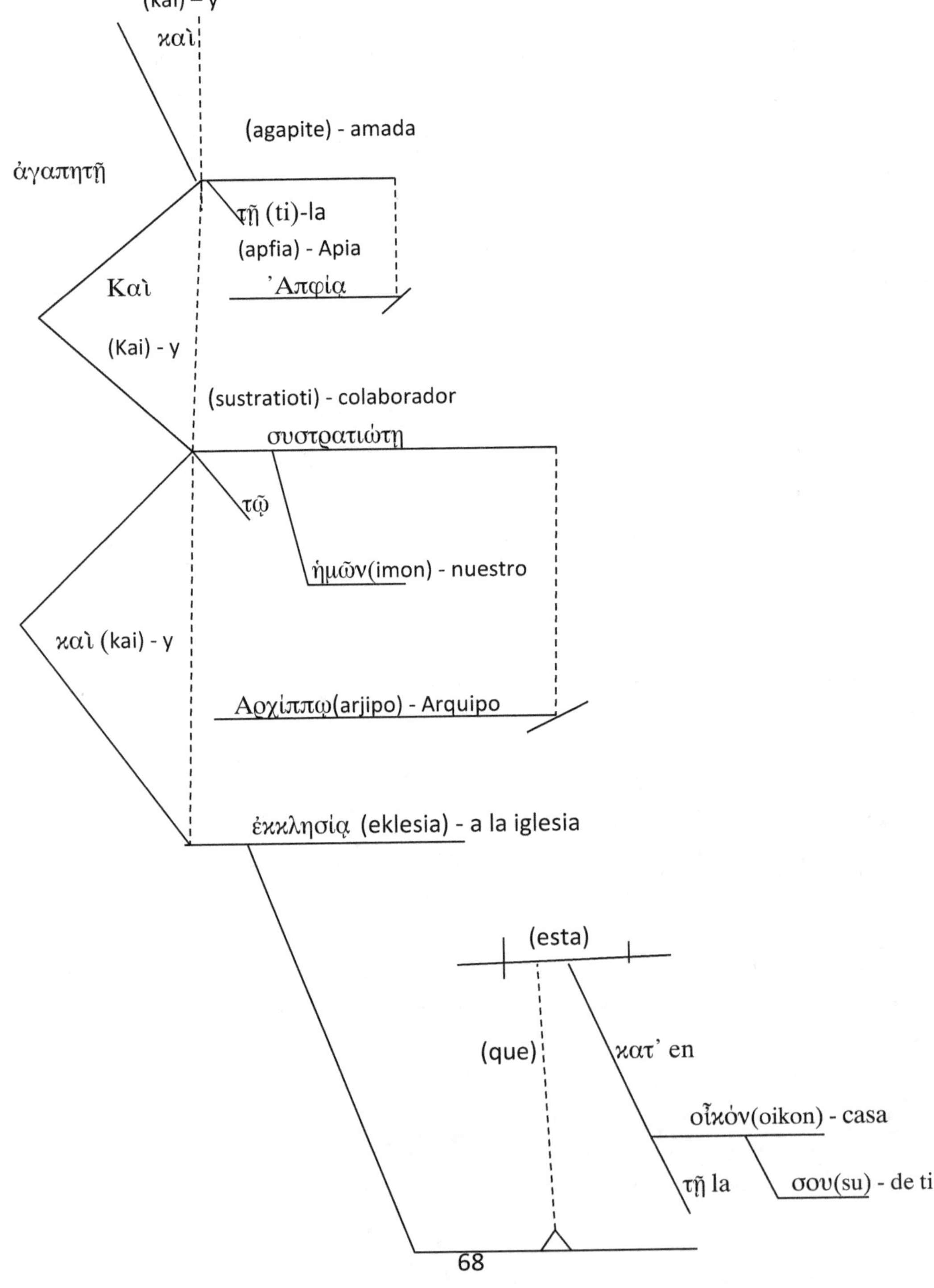

(kai) – y
καὶ
(agapite) - amada
ἀγαπητῇ
τῇ (ti)-la
(apfia) - Apia
Καὶ
Ἀπφίᾳ
(Kai) - y
(sustratioti) - colaborador
συστρατιώτῃ
τῷ
ἡμῶν(imon) - nuestro
καὶ (kai) - y
Αρχίππῳ(arjipo) - Arquipo
ἐκκλησίᾳ (eklesia) - a la iglesia
(esta)
(que)
κατ' en
οἶκόν(oikon) - casa
τῇ la
σου(su) - de ti

v3. Χάρις ὑμῖν καὶ εἰρήνη ἀπὸ Θεοῦ πατρὸς ἡμῶν καὶ Κυρίου Ἰησοῦ Χριστοῦ.

palabra	Tiempo caso	Modo género	voz	Per.	Núm.	Forma léxica	Significado de la palabra	observación
χαρις	Nom.	Fem.			Sing.	χαριτος	gracia	
ὑμῖν	Dat.	(p.p2p)			Pl.	συ	A vosotros	
και	(conj)					και	y	
εἰρηνη	Nom.	Fem.			Sing.	εἰρηνη	Paz	
ἀπο						ἀπο	de	Frase. prep.
Θεοῦ	Gen.	Masc.			Sing.	Θεοῦ	Dios	Frase. prep.
πατρος	Gen.	Masc.			Sing.	Πατηρ	padre	Frase. prep.
ἡμῶν	Gen.	(p.p2p)			Pl.	εγω	Nuestro	Frase. Prep.
και	(conj)					και	y	Frase. Prep.
Κυριου	Gen.	Masc.			Sing.	Κυριος	Señor	Frase. Prep.
ἸησοῦΧριστοῦ	Gen.	Masc.			Sing.	Ἰησοῦ Χριστοῦ	Jesús Cristo	Frase. Prep.

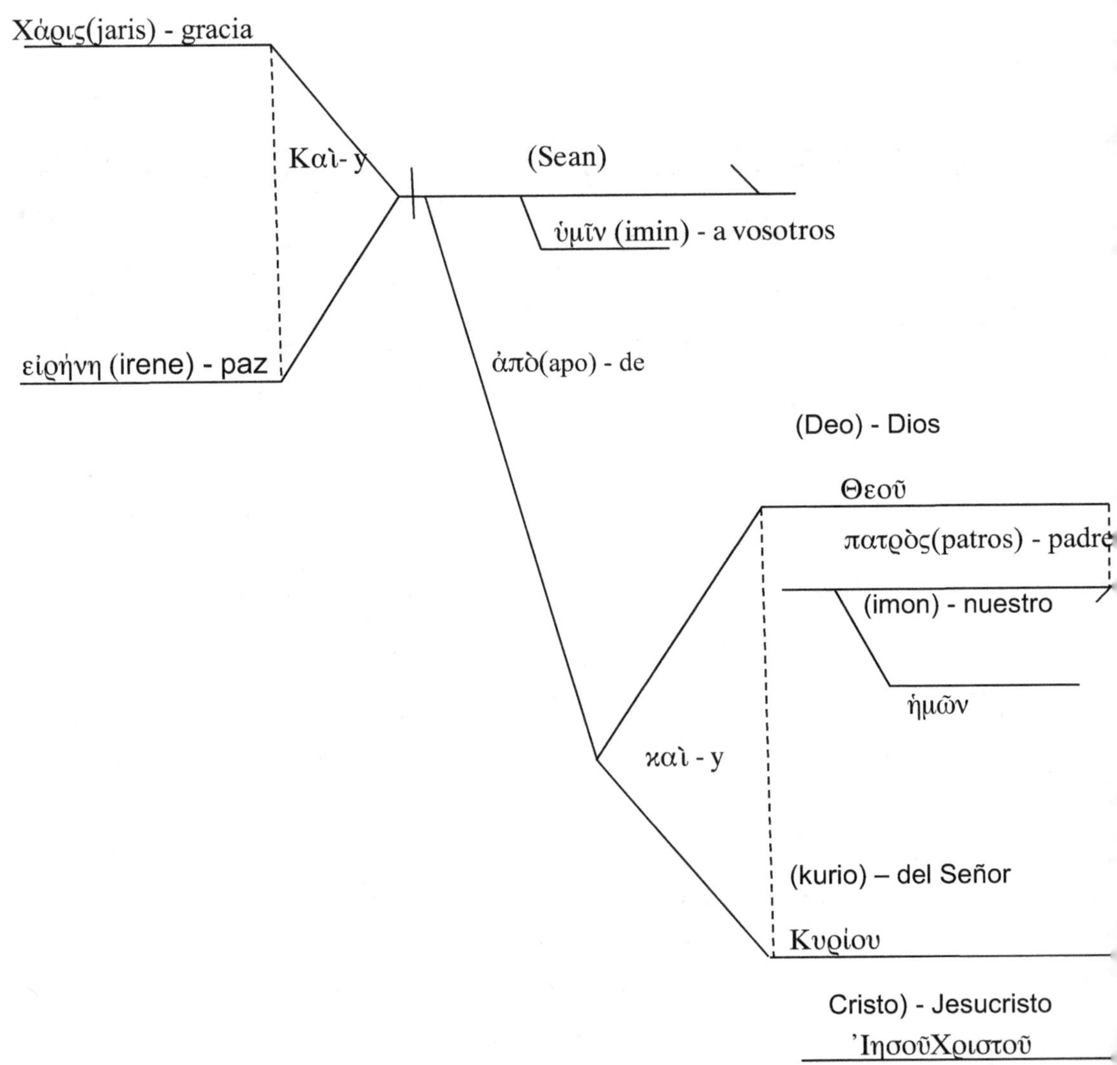

Χάρις(jaris) - gracia
Καὶ- y
(Sean)
ὑμῖν (imin) - a vosotros
εἰρήνη (irene) - paz
ἀπὸ(apo) - de
(Deo) - Dios
Θεοῦ
πατρὸς(patros) - padre
(imon) - nuestro
ἡμῶν
καὶ - y
(kurio) – del Señor
Κυρίου
Cristo) - Jesucristo
᾽ΙησοῦΧριστοῦ

Bibliografía.

- Cardoso pinto, Carlos Osvaldo. Fundamentos para la exegesis del nuevo testamento: manual de sintaxis griega. Edic. vida nueva

- Colque G. Artemio. El método lingüístico en la exégesis.

- Clave lingüística del nuevo testamento. ISEDET. Edit. La aurora.

- Forsen M. Shirley. Diagramming the scriptures: systematic Aproach to sentence Diagramming. Edit. Xulonpress.

- García Jalón, Santiago. Lingüística y exégesis bíblica. Edit. BAC.

- Hanna Roberto. Sintaxis Exegética del Nuevo Testamento Griego. Edit. Mundo Hispano.

- Kantenwein L. Lee. Diagrammatical analysis. Pub. BMH Books.

- Orozco Francisco. Exegesis y Exposición. Diciembre 2005. Formato PDF.

- Poggi Flaminio. Curso avanzado del griego del Nuevo Testamento. Edit. Verbo Divino.

- Ramsay Richard. Griego instrumental. Edit. Clie.

- Steffen Daniel. Estructura y gramática de un párrafo.

- Wallace Daniel. Gramática Griega: Sintaxis del Nuevo Testamento. Edit. Vida.